书山有路勤为径,优质资源伴你行
注册世纪波学院会员,享精品图书增值服务

• 项/目/管/理/核/心/资/源/库/

[美] 露丝·皮尔斯 著
（Ruth Pearce）

楼 政 张远飞 译

成功的项目经理
运用性格优势成为项目激励者

Be a Project Motivator

Unlock the Secrets of Strengths-Based Project Management

电子工业出版社
Publishing House of Electronics Industry
北京·BEIJING

Be a Project Motivator: Unlock the Secrets of Strengths-Based Project Management
Copyright © 2018 by Ruth Pearce
Simplified Chinese translation edition copyright © 2022 by Publishing House of Electronics Industry.
All rights reserved. Copyright licensed by Berrett-Koehler Publishers arranged with Andrew Nurnberg Associates International Limited.

本书简体中文字版经由Berrett-Koehler Publishers授权电子工业出版社独家出版发行。未经书面许可，不得以任何方式抄袭、复制或节录本书中的任何内容。

版权贸易合同登记号　　图字：01-2020-5066

图书在版编目（CIP）数据

成功的项目经理：运用性格优势成为项目激励者 /（美）露丝·皮尔斯（Ruth Pearce）著；楼政，张远飞译. —北京：电子工业出版社，2022.6
书名原文：Be a Project Motivator: Unlock the Secrets of Strengths-Based Project Management
ISBN 978-7-121-43249-1

Ⅰ.①成… Ⅱ.①露…②楼…③张… Ⅲ.①项目管理 Ⅳ.①F224.5

中国版本图书馆 CIP 数据核字（2022）第 064200 号

责任编辑：卢小雷
印　　刷：天津千鹤文化传播有限公司
装　　订：天津千鹤文化传播有限公司
出版发行：电子工业出版社
　　　　　北京市海淀区万寿路173信箱　　邮编100036
开　　本：720×1000　1/16　印张：11.75　字数：162千字
版　　次：2022年6月第1版
印　　次：2022年6月第1次印刷
定　　价：58.00元

凡所购买电子工业出版社图书有缺损问题，请向购买书店调换。若书店售缺，请与本社发行部联系，联系及邮购电话：（010）88254888，88258888。
质量投诉请发邮件至zlts@phei.com.cn，盗版侵权举报请发邮件至dbqq@phei.com.cn。
本书咨询联系方式：（010）88254199，sjb@phei.com.cn。

译者序

本书的灵魂是积极心理学和性格优势理论。

前些年,哈佛大学开设的幸福课为人们的思想和认知开启了一扇新的大门。这门课程是基于积极心理学研究成果开发的,成为哈佛大学历史上最受欢迎的课程之一。通过泰勒·本-沙哈尔(Tal Ben-Shahar)老师的生动演绎,积极心理学走进了更多人的工作和生活。

性格优势理论是积极心理学的支柱。该理论专注于如何发现和发挥人的性格优势。美国VIA性格优势协会(VIA Institute on Character)学术部主任克里斯托弗·彼得森(Christopher Peterson)等人提出了美德和性格优势分类模型,包括6种美德和24种性格优势。美德一是智慧,包括5种性格优势:创造力、好奇心、判断力/批判性思维、好学和洞察力。美德二是勇气,包括4种性格优势:勇敢、毅力、诚实和热情。美德三是仁慈,包括3种性格优势:爱、善良和社交智能。美德四是公正,包括3种性格优势:团队合作、公平和领导力。美德五是节制,包括4种性格优势:宽恕、谦逊、审慎和自我规范。美德六是超越,包括5种性格优势:欣赏美和卓越、感恩、希望、幽默和灵性。培养这24种性格优势就是获得相应美德的途径。这些性格优势和美德可以靠后天努力和培养获得,适用于各种文化,有良好的普适性。积极心理学之父马丁·塞利格曼(Martin E.P. Seligman)认为,如果人们能在日常生活中运用性格优势,将最大限度地提升自己的参与感与存在感。

我在企业一线从事项目管理工作20余年,领导过复杂产品(跨机、电、声、光、磁、电磁、软件等领域）开发项目、产品部件开发（To B）项目、设备开发项目、信息系统开发项目、新建工厂项目、人才培养项目和管理变革项目等。后来，我走上了项目管理、产品管理和技术创新的培训与咨询之路，辅导了数百家企业、上千个团队和数万名学员（包括PMP和NPDP）。在职业生涯中，我发现众多领导者和管理者都未能采用积极心理学倡导的方式管理团队，更不用说将性格优势理论应用到实践中。面对团队成员的工作，很多管理者采用的是审查、怀疑、挑剔甚至批评的方式。作为咨询顾问，我在企业开展项目全生命周期辅导时，一些学员很沮丧地和我说，他们的上司从未认可和赞扬过他们，更多的是批评和挑刺。加班加点交付的成果却被告知要加这加那；精心准备的报告却迎来一顿痛批；稍有差错闪失，受到的批评更变本加厉。在这种环境和氛围下，大家普遍情绪低落。项目成员要么缺乏自信，要么丧失成就感，要么抵触工作，有的甚至和领导发生冲突，最终离职走人。

那么，项目经理有没有更好的方法来带领团队实现目标呢？本书作者露丝·皮尔斯（Ruth Pearce）给大家提供了一些新思路和新做法。

露丝是出于机缘巧合当上项目经理的。在项目实践中，她也一直在寻找带领团队实现目标的有效方法。功夫不负有心人，她后来与VIA性格优势协会的专家进行了交流，从性格优势理论中获得了极大启发。但是，如何将性格优势理论应用到项目实践中呢？作者进行了有益的尝试。她在项目实践中有意识地应用性格优势理论，并对其进行调整和优化。应用了一段时间后，她和团队进行了验证和总结，发现效果颇为显著。为了让更多项目从业者了解和掌握这一有效方法，她写了本书。

为了更好地让读者从本书中获益，作者动了很多脑筋。首先，本书注重生动性和可读性。作者运用情景故事写作手法，用大量人物对话体现团队成员和团队整体的性格优势、成员之间的冲突和合作、跨区域团队之间的障碍和融合，读起来很有故事感。其次，本书遵从团队采用新方法的发展规律。

作者依序展开性格优势方法引入期、碰撞期、接纳期、应用期和成熟期，全景式介绍了一种新方法在团队中的落地过程，读起来很有时序感。再次，故事中的人物特点鲜明，并置身于鲜活的工作场景中。作者巧妙地将性格优势方法融入人物，读起来很有切身感。最后，作者善于提出问题，引领思考，给予启发，最终生成解决方案，读起来有醍醐灌顶之感。

再说一个大家感兴趣的话题。在开展项目管理、产品管理和技术创新的培训与咨询工作时，我会遇到一些文科背景的学员。他们经常问我一个问题：文科生是否能够担任项目经理或产品经理？答案是肯定的！无论是理工科生还是文科生，都可以担任项目经理或产品经理。只要善于学习、发挥所长、提升能力，每个人都能够胜任项目管理或产品管理的工作，成为出色的项目经理或产品经理。我一直建议我的学员，如果要从事管理工作，一定要懂些统计学、管理学、心理学和哲学。统计学让你获得对数据和事实的洞察，管理学让你提升团队和组织效能，心理学让你洞察人心和动机，哲学让你有触类旁通的智慧。本书从心理学的视角告诉读者，通过扮演项目激励者的角色，采用性格优势方法，文科生一样能够带领项目团队，交付成果，实现项目成功。我想，本书更能增强文科生的信心，增补理工科生的能力。当然，我也认为，在管理实践中，管理者也要将积极心理学和消极心理学结合，根据不同的情境，针对不同的对象，采用不同的领导和管理方法。只强调一面而偏废另一面是不适当的。

本书包含大量心理学尤其是性格优势方面的内容，对我的翻译工作带来了一定的挑战。幸好，我之前一些涉及心理学的翻译经验帮上了大忙。比如，《项目决策的科学与艺术》涉及行为心理学，《有影响力的产品经理》涉及人际关系和软能力，等等。此外，我还参与了产品经理认证（NPDP）知识体系、项目管理知识体系、项目集管理标准的制定，《产品经理知识体系学习与实践指南》的撰写，以及《产品经理认证（NPDP）知识体系（第2版）》《PDMA新产品开发工具手册1》《PDMA新产品开发工具手册2》

《PDMA新产品开发工具手册3》《将工作可视化》《反向创新》《人工智能》《什么是项目管理》等十几本书的翻译工作，这些积累对我的写作和翻译工作大有裨益。最让我欣慰的是，通过翻译和写作，我带动了更多的人学习和成长。

值得一提的是，我目前也在筹划写一本项目管理方面的通识和实用读物，让大众读者甚至高中生都能看得懂、学得会和用得上。当然，这本书要有中国特色，符合中国读者的阅读和学习习惯及应用场景。为了让我写的书给你带来更多实用价值，请将你的需求或建议告诉我。建议被采纳者都会获得我的赠书。我的邮箱为1115330126@qq.com，微信和手机号码为18029169969。

因本人水平和时间有限，难免百密一疏。如果你对本书的翻译有任何疑问、意见或建议，欢迎随时和我联系。如果你想探讨产品、项目与创新方面的主题，也欢迎随时联系我。我衷心希望能为项目管理、产品管理和技术创新的推广贡献绵薄之力。

合译者张远飞是一位文科出身的项目经理，也是我引以为傲的学员和伙伴！当我邀请他合译时，他欣然接受。作为合译者，他无疑是主要贡献者！为我的学员搭建专业舞台并实现他们的梦想也是我的使命。

特别感谢杨思思和王齐！他们对本书进行了全面阅读，提出了很多有价值的建议。

特别感谢楼俞希和缪璟！她们对本书的翻译工作也做出了突出贡献。

最后，特别感谢广大读者！我的存在，只因有你！

楼政

金指南管理咨询首席顾问

序

项目经理比以往任何时候都更依赖他人来实现项目成功。作为项目经理，我们利用影响力、同理心、创造力和领导力等软能力来争取干系人，并解决现实中的问题。我们不应认为以上这些能力只是可有可无或锦上添花的，而应视为完成任务所必备的。

在20年的职业生涯中，我担任过项目经理、企业家和业务负责人，与遍布世界各地的团队开展过合作，推出了新产品，交付了复杂的项目成果。我采用过各种各样的方法开展项目管理，从烦冗的瀑布模型（Waterfall）、模板填充法（Template-Laden）到快速移动法（Fast-Moving）、敏捷（Agile）及Scrum等。我更多地采用复合法，如将瀑布规划和敏捷要素相结合以用于特定的工作追踪。回顾过去，这些都是当时我选择并加以灵活应用的方法。可是，如果没有合适的团队，又该怎么正确地选择和运用这些方法呢？

出色的木匠会告诉你，仅有最好的工具并不能造出最好的房子。一个没有经验和干劲的团队，即使交给他们世界上最好的锤子、水平仪和锯子，也可能造出劣质的房子。反之，一个具有高度积极性的团队，即使"手无寸铁"，也会找到交付高质量产品的方法。后者难道不是在项目中经常遇到的情况吗？强大的团队也会遭遇资源不足的问题。因此，必须始终关注团队，并对其进行投资。一支精干的队伍并不需要这样或那样的工具才能取得成功，他们只需要合适的环境就可以出色地完成工作。

举个例子，2012年，我在一家政府机构的企业级业务流程再造项目的活动中结识了露丝·皮尔斯，她是位项目经理。该项目的各个方面都显得庞大而臃肿——从观点各异的干系人,到像"湿毯子"一样压在项目团队头上的办公室政治。而且在项目成员努力工作时,还有一台不断折腾的官僚机器时刻运转着。这种情况在大型项目中是司空见惯的,但露丝能应付这种挑战。

在这种严峻的环境中,我从露丝身上见证了基于性格优势的项目管理的魅力。在没有任何正式声明的情况下,她以项目经理的身份开展工作,围绕需要实现的各个目标和可交付成果,召集干系人开展有效的合作,并通过询问、劝说、说服、影响、授权、颂扬和严谨的态度筛选出最合适的团队成员。尽管每天都工作得很辛苦,但大家觉得自己在为更伟大的事业服务。

我看到露丝正运用基于性格优势的项目管理方法来组建更好的团队,以克服不利环境的挑战。于是,我开始认识到,从新产品开发到大型复杂项目,每种项目环境都需要这种方法。从那时起,我开始相信,唯一的前进之路就是让团队成员发挥性格优势。我们必须成为项目激励者,否则就要面临项目失败的风险。

本书适合那些希望找到方法,以促进团队更好地参与项目工作的人。这取决于让合适的人加入团队,并让团队变得强大而灵活。基于性格优势的项目管理就是建立专注、灵活的团队的途径。

露丝是敬业的作者,也是有趣的故事讲述者。她为团队开发主题带来了新颖的见解,并介绍了基于性格优势来管理项目团队的方法。露丝在运用VIA性格优势评估方面经验丰富,并以通俗易懂的方式展示了VIA性格优势框架,这是每位项目经理和团队成员都应接受的具有深度洞察力的评估。本书提供了一种将积极心理学应用到项目环境中的实用方法。本书探讨了在真实环境中性格优势如何帮助团队,并探索了怎样积极运用性格优势。本书实际上是对更好的项目和更好的团队的投资。毕竟,项目成功要求我们都成为项目激励者。

蒂姆·杰奎斯(Tim Jaques)

目录

导读：偶然入行的项目经理　　　　　　　　　　　　001

第1章　项目经理——不只是杂技演员　　　　　011

　　"白金法则"—— 待人如其所愿　　　　　　　　012
　　如何实现项目成功　　　　　　　　　　　　　　018
　　敬业的魔力　　　　　　　　　　　　　　　　　021
　　敬业从何而来：性格优势　　　　　　　　　　　023
　　项目经理的性格优势　　　　　　　　　　　　　023

第2章　眼见为实——麦琪的方法　　　　　　　033

　　项目经理的优势——希望、领导力与好学　　　034
　　与团队见面　　　　　　　　　　　　　　　　　035
　　不断前进，一步一个脚印　　　　　　　　　　　039
　　深入发展　　　　　　　　　　　　　　　　　　044
　　团队愿景　　　　　　　　　　　　　　　　　　049
　　希望成真：树立我们可以到达彼方的信念　　　051
　　扩大影响　　　　　　　　　　　　　　　　　　054

第3章　影响力——项目激励者最好的朋友　　　057

　　权威或影响力——权力在哪里　　　　　　　　　058
　　形成你自己的"涟漪"　　　　　　　　　　　　060

各就各位、准备、成长 065
创造力和毅力——在容许失败的环境中工作 066
创造力与敬业度的纽带 067
具有成长心态的项目激励者会越来越好 068
欣赏 072

第4章　建立欣赏文化　075

参与的核心：欣赏 076
在团队中建立欣赏文化 076
了解性格优势 087

第5章　在项目干系人和项目团队中建立欣赏文化　095

项目管理和领导力 096
性格优势的后续故事 100
团队中的性格优势 104
向团队介绍性格优势 109
在团队中形成性格优势意识 114
给团队带来优势 115
性格优势会成为障碍吗 116

第6章　当性格优势成为障碍时　119

社交智能：令项目激励者难以捉摸的性格优势 120
重新审视白金法则：个人对性格优势的运用过度或不足 123
发现并解决性格优势的运用过度问题 128
通过性格优势探索团队的内心和思想 131
当个人的性格优势发生冲突时 136
当团队的性格优势发生冲突时 137

第7章　当出现其他问题时　　141

当出现其他问题时应如何处理　　142
没有计划的目标只是一个愿望　　143
制订沟通计划　　147
学习方式："我需要的不是笔记，而是记笔记这个过程"　　148
避免冲突的基础：沟通及联系　　152
利用你的影响力：树立榜样　　154

第8章　形成项目激励者的闭环　　157

满怀希望　　158
保持坚强　　159
勇敢前进　　160
充满好奇　　161
给予激励　　165

第9章　制订实施计划　　167

导读

偶然入行的项目经理

我从来没有想过自己长大后会成为项目经理。回想一下，在学校里，同学们谈论长大后的梦想时，有人会说"我想成为项目经理"吗？大概不会吧。大家都想成为飞行员、宇航员、医生、护士或老师，绝对没有人想成为项目经理。

年少时，我们并不知道要想把事情做好，还需要有人来协调工作。我们最初获得的项目经理体验很可能来自父母。父亲或母亲承担着完成学校事务、工作、做课外活动、购物、预约医生和安排假期等任务。直到自己动手做之后，我们才真正意识到父母做这些事情所付出的努力和所需的技能。

我当上项目经理纯属偶然。当时，我被派驻海外，而时任项目经理突然要回国了。与其再给团队派遣一名新项目经理，考虑到我对客户的熟悉和与之建立的关系，对项目的了解和组织事情的能力，尤其是审慎的性格优势，公司要求我担任项目经理。

我爱上了这份工作！作为项目经理，我对项目的所有方面都能够较好地把握，而不仅仅是其中的某一方面。我有更多的机会与项目中的各种人员进行互动，而且我喜欢督促他人完成工作。我对这份工作很着迷，在接下来的20年里，我管理了一个又一个项目。在投资银行，软件公司，非营利组织，政府、教育、保险和退休服务部门工作时，我发掘了自己身上的独特优势。无论是在思想上还是在精神上，我都是一名项目经理。

什么是项目经理

当我告诉一个朋友（我认为她知道我在做什么工作），我正在为想成为项目激励者的项目经理写书时，她问："什么是项目经理？"对此，我竟一时语塞。我想从动机和重要性方面来回答，也想从项目经理为何应该成为项目激励者方面来回答。但是，我必须先回答以下问题："你是谁？你是做什么的？"

我首先想到的是美国项目管理协会（Project Management Institute，PMI）对项目经理的定义：项目经理是由执行组织委派的、领导团队实现项目目标的个人。在维基百科上，项目经理的定义如下：在各行各业，在范围、开始时间和结束时间都明确定义的项目中，项目经理是负责计划、采购和执行的人。不能说这些定义不正确，但它们还不能体现项目经理的方方面面。

正如我们所知，项目经理的角色很复杂，而且正变得越来越复杂。如果你不相信，请记录一下项目经理所做的一切，看看是否会让你觉得不可思议。

首先，项目经理负责制订计划，并确保计划能够实现，预期目标能够达成。为此，项目经理组织团队和干系人来达成项目目标。不仅如此，项目经理还要与每个干系人群体及项目的主要对接人互动。这还远远没有结束，因为在一个项目中，项目经理是主要的沟通者。有人说，优秀的项目经理会花90%以上的时间进行沟通。在项目团队面前，项目经理代表客户；在客户面前，项目经理代表项目团队；在管理层面前，项目经理代表项目团队；在项目团队面前，项目经理代表管理层；在供应商面前，项目经理代表公司或客户；在公司或客户面前，项目经理代表供应商。项目经理是每个干系人群体与其他干系人群体之间的桥梁。

对喜欢形象化语言的人来说，项目经理就像蜘蛛网中心的蜘蛛。他提供了将项目凝聚在一起的黏结剂，提供了推动项目前进的动力。正如我的一位同事所说，项目经理是"项目的添砖加瓦者"。

因此，项目经理既需要敬业和主动，也需要感化和激励他人。没有个人的敬业和主动，这个角色会让人不知所措和反感。没有感化和激励他人的能力，项目经理的工作永远都是赶鸭子上架，无法集中精力将事情做好。

我相信，拥有使自己和他人敬业的能力不仅是加分项，而且对项目经理成功履行职能、高效发挥作用至关重要。成为项目激励者，组织可以给我们提供上升空间，我们也可以提升组织的项目管理水平。

如何通过敬业和激励完成任务

"好吧，"我的朋友接着说，"现在我明白了，但是激励又意味着什么呢？"

在本书中，我自始至终都会谈敬业和激励。激励是促使他人采取行动的动力、斗志、能量和热情。敬业通过将个人目标与集体目标结合起来，让个人认识到成功达成目标的意义和重要性，从而产生动力。这是引起人们注意并使他们专注于任务的一种方式。作为项目经理，我们希望成为项目激励者。我们希望为团队成员提供动力，激励他们，促使他们采取行动并完成任务。大量研究表明，持久的动力并非来自外部。因此，项目经理如何成为项目激励者？答案是，通过关注每个人，理解和欣赏他们，并激发每个人内心的渴望来提高敬业度。

我们通过内部因素来激励人。敬业的人就是能够被激励的人。能够被激励的人就是充满活力的人。充满活力的人就能完成任务。

什么是基于性格优势的项目管理

当我的朋友对项目经理这一职业进行了深入了解，并对我针对"敬业和激励"给出的答案感到满意后，她又问："那么，什么是基于性格优势的项目管理呢？"我对这个问题感到非常兴奋，因为本书要回答的正是性格优势及这些优势如何帮助我们等问题。在深入讨论性格优势前，我们要了解一些指导原则。最重要的是影响力，通过我们的行动、行为、语言和态度来感化团队。我们可以通过两种方式发挥影响力并获得最大收益：一种是建立成长或学习心态模式，就像稍后你将看到的，对学习的渴望和热爱将让我们有足够的能力做事情；另一种是建立欣赏机制，这就是性格优势概念的由来。马丁·塞利格曼和克里斯托弗·彼得森构思、研究并创建了该概念。性格优势的概念可以帮助我们认识、欣赏和培养自己和他人最擅长的方面。在团队中发挥24种性格优势，可以改变人际关系、增强创新能力，甚至改变团队文化。识别并利用性格优势，可以提高员工敬业度，带来源源不断的、充满激情的动力。

大多数人在关注负面因素和克服其影响上花费了大量时间（人之常情），而不是识别和利用正面因素，这种方式被称为消极偏见。它是油然而生的，有时还难以抗拒。研究表明，关注负面因素会让我们的视野和思维受限，而关注正面因素会使我们更具创造力，更乐于接受其他积极的想法和经验，并且能够更好地创新和解决问题。

在基于性格优势的项目管理中，我们的目标就是扭转一些思维定式，用性格优势、积极心理学和组织发展中的一些方法为项目经理带来优势，将项目经理打造成项目激励者。当你努力理解和运用自己的性格优势时，"魔法"就上演了。一旦做到这一点，你就可以整合性格优势来激励团队，团队将更敬业、更富有创造力，团队成员也能更好地享受工作。即使你没有直接权力，但只要你有良好的个性和影响力，也可以管理好团队。你也不用担心会忽略问题、弱点或缺陷。你将学习一种新的方法来解决这些问题。研究表明，这种方法在生活的各个领域都有效。在本书中，我将不时列举一些性格优势的例子，你会看到如何提高敬业度和激励水平。请你在书中寻找这些性格优势，因为成为优秀的性格优势识别者是项目激励者成功的关键因素之一。练习识别性格优势越早越好！

好消息是，项目经理具备某些真正的"显著优势"。正如你将在后面看到的那样，作为一个团队，我们比大街上的普通人更充满希望、更好学。有了希望，就有了前进的动力，也就有了完成任务的能量，以及将梦想变成现实的信念。因为好学，我们开始学习所需知识。我们不受限于已知的信息，充满热情和渴望，希望获得更好的理解力和更高的影响力。

谁是本书的读者

正如我所说的那样，初步研究表明，所有项目经理都充满好奇心且好学。我正为我的同行（项目经理）写这本书。如果你是项目经理，或想成为项目经理，或从事过项目管理，或想为你的团队做出更多贡献，那么这本书就是写给你的！

项目经理的职能通常是交叉的。我们还不属于领导者的范畴，而从监督管理所共事团队的角度看，我们也不属于管理者。当然，我们自己也是团队成员，但我们的职责是确保其他团队成员都能完成自己的工作。安迪·克罗（Andy Crowe）在他的书《阿尔法项目经理》（*Alpha Project Managers*）中列举了一些有趣的数据，说明优秀的项目经理和许多干系人认为，亲自开发产品的实践型项目经理更有价值和效率。然而，项目经理通常不会亲自开发产品。因此，那些参与了产品开发的项目经理也许有话要说，这并不是常见的模式。无论你是否亲自开发产品，本书都旨在增强你的能力，把你从任务管理者提升为项目激励者。你学到的很多东西都来自积极心理学领域，正如我的一位同事所说，积极心理学是让你表现出色的科学，尤其是性格优势理论。来自该崭新领域的学说有个基本前提，即不要从困扰我们的方面开始，而从使我们变得强大的方面开始，并以此为出发点。正如我之前所说并反复强调的，这并不意味着我们要对失败、弱点和技能不足视而不见。当你接受了全方位工作考核后，你收到的工作绩效评估侧重点是什么？是你的擅长之处及如何从擅长之处继续发展，还是需要改进哪些方面？如果你的回答是前者，那就太好了。本书将帮助你在自己和他人身上看到积极的一面。如果你的回答是后者，那就糟糕了。不过，这也是在我预料之中的大多数回答。本书提供了一个崭新的视角，有助于对两方面进行平衡。从好的方面开始，有助于我们发挥优势并消除劣势。同时，你和同事不会感到沮丧，也不会感到生气。哪怕必须克服缺点或弥补差距，你也会感到更加积极乐观。

有两种方式帮助你成为项目激励者。第一，提供一个舞台，让自己和团队更多地参与进来；第二，不仅要充满激情地管理项目、安排任务和组织人员，而且要领导团队，激发每位团队成员的巨大潜能。从性格优势的视角看待同事，可以发现隐藏的机会。想象一下，如果你的上司看重你的优势，然后你又以同样的方式对待他人，会产生怎样的效果？实际上，有大量研究表明，管理者看重性格优势，甚至鼓励运用性格优势的团队会更加敬业，团队成员对管理者也会更满意，离职率也更低。

关于"学习重点"，我要多说一句话：每门课程和每本书通常都会设定一系列学习目标。学习目标可以让参训者或读者更好地了解自己将学习什么，并能够衡量他们的参与程度或阅读效果。但是，经验告诉我，书中开始设定的内容通常不是我们要汲取的内容。考虑到过往经验、个人偏好、个人性格优势和个人成就，我能想到你会从本书中学到什么，但你也可能发现其他价值。不过，在每章的开头，我都会提供与该章相关的概述和建议。如果你还发现了其他对你有价值的内容，那就太棒了！我希望你能发现更多东西！在阅读中，你需要思考一些问题。问题为我们搭建了识别和获取有价值的信息的框架。越早开采金矿，而且是你想要的金矿，就越好。

为了提高透明度，我会在本书的网站（搜索"projectmotivator"）公布书中问题和练习的答案。对于某些人来说，了解如何进行练习会有所帮助；对于另一些人来说，可能没有什么帮助。是否运用它取决于你。

本书可以作为项目经理的基础工具书——通往希望的路线图

第1章解释了为什么我认为项目经理要重视敬业度，包括其自身敬业度；介绍了"白金法则"（Platinum Rule），并探讨了项目经理如何看待自己，以及他人如何看待项目经理。

第2章讲述了麦琪的故事。她和我们一样都是项目经理。这个故事的目的是展示她如何建立一个有效互动的团队。在这个故事中，你会发现"魔法"的力量！

第3章探讨了项目激励者最好的朋友——影响力，包括什么是影响力、如何获得影响力，以及为什么影响力是我们最重要的工具。

第4章研究了如何在团队中建立欣赏文化，重点是麦琪的经验及性格优势的应用。

第5章讨论了麦琪如何进一步发挥性格优势，建立欣赏文化，并在团队内部运用。

当然，即使最积极的事情也可能有灰暗的一面。第6章探讨了性格优势的弊端、冲突产生的方式，以及性格优势如何帮助我们渡过难关。

第7章探讨了其他导致冲突和关系紧张的因素，讨论了计划和学习方法的重要性，并回顾了建立良好沟通的注意事项。

第8章将所有内容融合在一起，展示了我们如何应用希望、毅力、勇敢和好奇心这些特质为团队注入活力和热情。基于此，你将了解如何激励自己和团队。这不仅仅意味着你将成为更好的项目激励者，还将给你带来更多乐趣！

第9章讨论了麦琪为自己和团队制订的运用所有技术的实施计划。如果你不喜欢麦琪的计划，那就制订自己的计划！关键是要制订计划并运用你学到的所有知识。没有实施计划，本书只是一本有趣的读物而已。

我已经在许多不同的团队和小组中对本书的所有内容进行了测试。到目前为止，我一直在运用这些技术。

作为终身学习者，我将以此为基础继续前行。我希望本书的内容能吸引你，对你有用并能激发你的灵感。

本书是一个梦幻团队集体智慧的结晶。最重要的是，本书离不开我有幸合作并希望在未来继续合作的众多团队的工作、反馈、好奇和鼓励。没有这些团队，我就没有什么好分享的了！我感谢他们，是他们让我在这个项目及我从事的众多项目中激情四射！

我希望你分享你的故事，告诉大家这些方法是如何帮助你的。我还希望聆听你是如何运用这些方法帮助别人学习更多知识，并使他们坚持不懈的。我也要告诉全世界，你拥有的这些知识和技能是让你成为"项目激励者"的好方法。

量身定做

1. 你在沟通上花了多少时间？请用日记跟踪这些活动。
2. 如果想要影响他人，你会如何做？
3. 作为高效的项目经理，你运用了哪三种策略？

> **成功策略**
>
> **满怀希望** 寻找适合自己的项目,相信自己能够有所作为。
>
> **保持坚强** 观察团队工作,反思观察结果,确定你可以采取哪些行动帮助团队实现目标。
>
> **勇敢前进** 制定一些措施以强化有益的团队行为。
>
> **充满好奇** 观察自己和他人。询问自己,那些比你优秀的人的行为动机是什么。

第1章

项目经理——不只是杂技演员

项目经理可能是决定项目成败的主要因素。

学习重点

1 / 了解我们和干系人如何看待项目经理。

2 / 了解其他项目经理如何看待敬业度,以及他们的角色和准备情况。

3 / 了解为什么敬业度对激励团队很重要。

4 / 找出项目经理已经具备的性格优势及哪些方面有待提升。

本书大部分内容都围绕如何把事情做得更好而展开，也聚焦在技能培养、影响力提升及与周围的人融洽相处等方面。本章阐明了为什么这些事情很重要。

书中有很多统计数据来自项目管理协会、盖洛普（Gallup，一家专业调查公司）和VIA性格优势协会等世界级组织。本章首先讨论了对项目经理及相关方而言，项目经理的角色是什么；其次讨论了项目经理应如何提高团队敬业度，他们对此了解多少及想知道多少；最后讨论了项目经理的性格优势、显著优势和底部优势。

"白金法则"—— 待人如其所愿

在当今的工作场所中，社交智能和情绪智力是非常普遍的。作为项目经理，要想成功，就必须处处运用社交智能。

和大多数人一样，在人生历程中，我一直遵照"黄金法则"（Golden Rule）对待他人，即待人如待己。上高中后，我开始与形形色色的人打交道。我突然发现，许多人拥有与我不同的价值观，过着与我不一样的生活。作为一个充满好奇心和学习热情的人（不只是在学校），我的价值观和行为与那些重视人际关系的人、关注家庭或教会的人、热爱艺术和创造力的人截然不同。我开始意识到"待人如待己"法则并不是最好的。

几年后，我了解了"白金法则"，该法则说"待人如其所愿"。这是一个更为合理和值得称赞的法则。但是，我们只能自己去揣摩如何做到待人如其所愿。当然，我们也可以去问别人，但当我们每天在工作中与几十上百号人打交道，或者和他们通过媒介如电子邮件或文件进行沟通时，这么做显然不太现实。

本书的核心是以大量实践为基础，帮助回答这一问题：人们希望被怎样对待？回答好这个问题，有助于提高社交智能，使你变得更易沟通、更为善良和更具爱心，从而与团队更加紧密地合作。

在本书中，我将分享一些我已经学习并仍持续学习的知识。我的目的是与你分享一些强大且实用的工具，我花了多年时间研究总结这些工具。它们简单、有效，也很有趣。哪怕你只是自己体验和实践，也会受益良多。你身边的人也会如此。一旦觉得自己有底气了，你就可以与别人分享本书中的方法。如果你觉得时机成熟，或者碰巧在一个非常开放、顺畅的工作环境中工作，你甚至可以与领导团队更多地分享这些工具和实践。

当我们了解他人并待人如其所愿时，他们就会变得敬业。他们一旦变得敬业，就会充满动力。他们有动力时，就会做好工作。

在敬业度方面，为什么项目经理需要一本自己的书

无论和谁打交道，建立敬业、互联的强大团队的基础是相同的。当我们用好奇心来发掘并利用性格优势，勇于克服缺点、规范行为时，团队就会不断强大。

这听上去好像很难做到，尤其需要足够多的勇气。不过，在学习和应用这些优势时，如果你能将其自然而然地结合在一起的话，掌握起来就不会太难了。假以时日，你会逐步提高应用这些优势的能力，直至应用自如。要知道，哪怕只应用其中的一小部分，都会对你的日常工作产生显著的影响。

当然，关于敬业度的书很多。为什么我们需要一本专为项目经理而写的书呢？

首先，我认为项目经理才刚开始认识到敬业度在成功路上的重要性。一本专门针对项目经理的书加速了这种学习和理解。

其次，作为项目经理，我经常发现很难运用一些书中所提到的有关敬业度的方法，因为这些方法通常基于对权力和控制的假设，即职权。

与没有直接权力的项目经理相比，职能经理通过评估、绩效考核、设置奖金等方法和技巧来提高敬业度要容易得多。确实，就我而言，我们就像在组织中没有正式地位的承包商。许多书在前言部分就让我满头雾水，因为他们要求我参加为期3天的异地团建活动，或者强调特定的评估工具多么"物美价廉"。当然，我们从这些书中仍然可以学到一些东西，但需要时间和精力。可是，在我们这一行业中，这两者都非常稀缺！本书并没有假设你拥有多少权力，它紧紧围绕你所在的环境，为你而写。

最后，关于管理、团队敬业度、积极心理学和组织心理学方面的书可谓汗牛充栋。我花费多年时间来阅读、研究相关书籍、论文、课堂和会议中介绍的方法，并进行了实践，了解哪些可行，受到人们的欢迎；哪些在理论上行得通，但在实际的项目管理实践中不实用。毫无疑问，还有更多好的方法。本书中描述的方法对我来说是有效的，它们已经被检验和证明！

收集证据：项目经理的贡献

在过去的两年中，我问了很多人有关项目经理的问题。第一个问题是："我们对项目经理的期望是什么？"

为了找出答案，我调查了266人，其中一半是项目经理，另一半是与项目经理共事的人。总体而言，有以下4个要点。

1. 受访者对项目经理的期望很高。有85%的人同意以下说法：项目经理对项目的成功而言至关重要。我们相信项目经理是成功的驱动者。他们提供项目背景和目的，推动完成任务，确保团队成员知道何人何时做何事。我们给了项目经理很多责任。

2. 项目经理更多地将自己视为全局的掌控者，同时关注项目目标。在我调查的项目经理中，有75%的人表示自己有很好的全局意识。

3. 受访者认为项目经理的最大缺点是微观管理、官僚作风和召开太多会议。甚至项目经理自己都承认这是自身的缺点！

4. 大多数项目经理将自己视为项目的"驱动者"。

驱动很重要，但它意味着什么

驱动是件辛苦的事。驱动要消耗能量。它令人痛苦和沮丧，也经常导致延误和阻碍。

从消极的角度看，驱动是以无法逃避的力量，无情地敦促或迫使他人开展一项活动或遵循一个方向。它通常意味着要消耗能量，就像打高尔夫球或将钉子钉入梁中。总体来说，驱动就是使某事保持运动状态。

这真的是我们作为项目经理要做的吗？强制团队成员执行任务？为追求项目目标而不懈努力？或者我们要激发、鼓励团队成员，并让他们参与到目标中来？

通过提升敬业度以激励人们完成工作的方法会更有效，也会建立更好的人际关系，并提高个人、团队和组织的满意度。发自内心地领导，与团队一起并肩同行，比从背后推动要容易得多。

在回答"项目经理做得最糟糕的事情是什么"这个问题时，最常见的答复如下。

- 对资源和任务进行微观管理。
- 过于顽固死板。
- 过于任务导向。
- 与错误的人一起开会太多。
- 对项目细节了解不足。

- 技能不足或资历尚浅。

我们希望项目经理提供项目背景和目的，掌控全局并持续推进（而不是仅跟踪任务）；也期望他们不只关注单个任务，也要关注项目整体，并做成事情。

但是，如果人们普遍认为项目经理对项目成功至关重要，而且研究也表明敬业度是成功的关键因素，那么项目经理不应该专注于敬业度吗？项目经理敬业吗？他们是否知道或想要知道如何使他人敬业？

收集证据：他人对项目经理的看法

在项目经理成效调查中，我询问了同样数量的非项目经理受访者。将该群体的看法进行总结，有以下3个要点。

1. 受访者一致认为，项目经理是成功的驱动者，提供项目背景和目的，推动完成任务，并确保团队成员知道何人何时做何事。他们还将更多的责任归于项目经理。

2. 当涉及项目经理对全局的把握与对具体任务的关注时，双方在期望上有些差异。项目经理认为自己专注于全局，而受访者则认为项目经理专注于具体任务，这么做会对整个项目或项目集不利。

3. 与项目经理一样，受访者表示，项目经理最大的缺点是微观管理、官僚作风和召开太多会议。

高期望会带来一个问题，即我们当中有多少人准备好了去满足这些期望？年轻的项目经理往往没有意识到这些期望；即使知道期望是什么，也没有能力满足这些期望。如果是我的话，我将面临挑战，必须寻找资源帮助我。

值得高兴的是，在"项目经理对项目成功至关重要"上，所有受访者达成了惊人的一致。项目经理与非项目经理之间的区别只是他们同意的程度。

项目经理更加强烈地认为，项目成功离不开他们。

当期望不吻合时，我们必须考虑项目经理所担负工作的实际绩效及与团队成员的沟通。例如，75%的项目经理认为自己对全局有清晰的了解，但为什么只有50%多一点的非项目经理是这么认为的呢？

受访者认为，掌控全局和沟通接口是成功的关键因素，但他们担心项目经理会妨碍项目进展。一方面，这个看法令人担忧；另一方面，也给项目经理提供了以更高水平开展工作的机会。

在"项目经理做得最糟糕的事情是什么"这一问题上，许多受访者都将微观管理、官僚作风、召开太多会议及过于死板作为项目成功的障碍。两组中的一半受访者认为，项目经理召开过多的会议，从而减缓了项目进度。这是在说项目经理对项目起到了阻碍而非推动作用。

至少对我来说，最令人担忧的是项目经理似乎同意这种看法。

收集证据：他人对项目经理的评价

在受访者的评价中，我也看到了一些有趣的反馈。针对"项目经理做得最好的事情是什么"这一问题，有以下回答。

- 责任心——项目经理既要对总体负责，又要确保他人对其在项目中的工作负责。

- 沟通——PMI认为，高效的项目经理与干系人、团队成员、管理层、供应商和其他合作伙伴之间的沟通应占其工作职责的90%。

- 组织、计划、协调和跟踪——确保团队成员按时完成任务，消除障碍，获得所需资源，明确每个人的角色和职责。

以下是两个最普遍的回答。

- 需要专门与所有干系人联系的窗口，负责收集、上报和澄清信息。

- 组织中需要有人驱动项目或项目集。

如何实现项目成功

失败的项目会给项目或项目集经理带来不好的声誉,但项目管理的成功远比项目成功更为重要。例如,我的一个同事是项目经理,在其职业生涯早期,他帮助组织及时取消了某个项目,从而为组织节省了数十万美元甚至数百万美元的成本。他必须鼓起勇气挑战之前做出的决策,并提出取消该项目的理由。

很多项目都失败了!

在PMI发布的2016年《职业脉搏报告》中,只有约50%的项目在预算内完成,只有约60%的项目达到了最初的项目目标,只有不到50%的项目按时完成。每投入10亿美元,就有1.22亿美元左右的损失,约为项目预算的12.2%!

2017年《职业脉搏报告》显示项目成功率在逐年提高,失败成本已降低至每10亿美元中损失9 700万美元。希望这是好趋势的开始。项目经理可以通过提高敬业度,让团队支持项目,让干系人在项目进展异常(如需求发生改变或项目已经没有价值)时能够直言不讳,来帮助确保这一趋势得以延续。

PMI在2013年《项目管理人才缺口报告》中预测,2010—2020年,全球将创造1 570万个项目管理岗位,其中620万个岗位在美国。我们当中会有更多的人参与到塑造未来的行业和项目中。我们将与各种各样的团队成员互动,在更加灵活、多样化、分散的工作环境中执行更多新任务。如果我们、我们的团队和我们的项目要取得成功,关系管理、影响力和敬业度就会变得越来越重要。

收集证据：项目经理对敬业度的看法

为了解项目经理群体是怎么看待敬业度的，最近我对138名项目经理进行了一项在线调查，要求他们从9个选项中选择对这一问题的回答："对我而言，员工敬业度指的是什么？"表1.1列出了选项和占比（受访者可以选择多个答案）。

从表1.1可以看到，对于这群项目经理来说，敬业度主要包括承诺及与组织目标的一致性、认可度、适应度、工作满意度及员工认为发挥自身性格优势的程度。薪酬及与干系人沟通项目进度的方式次之。

表 1.1 项目经理对敬业度的看法

选项	占比
员工对项目或项目集的使命和愿景的承诺程度	92%
员工贡献受到认可的程度	86%
员工对工作的满意度	84%
员工感觉发挥自身优势的程度	84%
员工觉得自己适合工作的程度	80%
员工对工作报酬的满意度	68%
员工与干系人沟通项目进度的方式	62%
员工愿意参加项目会议的程度	58%
员工雇用合同或雇用协议的期限	31%

盖洛普告诉我们，敬业的员工"充满工作热情，与公司进行深度联系。他们驱动创新并推动组织向前发展"。组织可以是我们所在的公司、学校或任何企业。根据我的经验，敬业度可以独立于整个组织文化，于项目团队内部提高。我重申一次：敬业度可以独立于企业文化，于团队内部提高。然而，要做到这一点，我们常常需要勇气。

员工价值观和组织价值观保持一致、员工目标和组织目标保持一致、员

Be A Project Motivator

工抱负与组织愿景保持一致是组织健康和高效的主要指标。敬业的员工可以全力以赴，他们排除障碍、完成任务，给团队或组织带来收益。但是，作为项目经理，我们为什么会担心敬业度呢？当我们也要参与并成为团队的一员时，为什么还要提高敬业度呢？那不是别人的工作吗？

1. 作为项目经理，我们需要确保完成任务。毕竟，项目经理是负责实现项目目标的人。

2. 研究表明，敬业的人有动力把事情做好。例如，盖洛普报告称，敬业的员工的生产率提高了12.5%。

3. 研究表明，员工敬业度仍然很低。根据盖洛普的调查，全世界只有13%的人，美国只有约30%的人积极并敬业。这意味着全球有87%的人（美国为70%）没有"在情感上忠于其组织和目标"！想象一下，如果只有13%的外科手术团队承诺治疗你的疾病，或者开车经过由一支施工团队建造的桥梁，而只有30%的团队成员承诺建造一座安全、可靠的桥梁，其结果可想而知。

4. 如果我告诉你，你可以先提高自己的敬业度，再去影响身边人的敬业度呢（也称"涟漪效应"）？无须等待其他人这么做。你自己就能做到！

敬业仅仅是开始

当然，拥有一支敬业的团队并不能确保成功。就像做手术一样，有时手术不成功，医生无法挽救手术台上的病人的生命。当缺乏技能时，仅靠承诺是不够的。但是，谁更有可能尝试掌握正确的技能呢？是掐着表等下班或在饮水机旁抱怨的人，还是敬业并承诺实现目标的人？

让整个团队参与项目似乎是一项不可能完成的任务。我们会想，这应该是别人的工作，尤其当我们没有管理职责时。显而易见，项目经理的职责是跟踪任务和进度、汇报和监控预算及寻找具有相应技能的人。很明显，提高敬业度不在项目经理的管控范围内，而应属于管理层、组织或人力资源部门。换句话说，提高敬业度是其他人应该负责的事情。

基于经验和证据，我认为，项目经理需要激励团队，激发团队成员的潜力，并努力实现目标。项目经理之所以处于这样一个独特的位置，是因为我们在领导一个项目，该项目具有定义明确、时间受限的计划，也因为我们脱离了日常管理、绩效评估和职业结构框架。我们不仅要制定里程碑、规划任务并开展沟通，也要管理风险和变更；不仅要让自己和团队成员参与进来，也要谋划如何让新成员融入团队；不仅要让现有团队成员充满活力并与项目保持紧密联系，也要规划如何减轻压力，如何帮助团队成员成长并成为最好的自己。

这个过程的美妙之处在于，作为项目和项目集经理，我们可以获得更多乐趣，并取得更大的成功。

在同一项调查中，我向项目经理询问了更多有关敬业度的信息。近90%的受访者认为，提高员工敬业度是他们职责的一部分。虽然有些人认为他们在提高员工敬业度方面有些技巧，但他们希望自己能够更敬业。

超过80%的受访者想了解更多有关如何让自己和他人更敬业的方法。只有36%的受访者认为，项目管理培训课程告诉了我们在成功提高团队成员敬业度方面所需要的知识。

敬业的魔力

正如盖洛普所言，敬业的员工充满激情、归属感强，并能够自我驱动。在《2013年全球职场现况报告》中，盖洛普研究人员称，全球只有13%的员工是敬业的。

更糟糕的是，有24%的员工工作懒散，这会造成破坏性影响。这些员工长时间不在办公室，会对其他人产生负面影响。其余不太敬业的人占63%。

关于工作懒散的员工，盖洛普的报告称："他们不仅自己工作不开心，还忙于发泄自己的不满。这些员工每天都在破坏那些敬业的员工所创造的成绩。"

虽然上述比例因国家而异，但是从总体上讲，工作懒散的员工人数是敬业员工的两倍。

根据我的经验，工作懒散的员工会在团队中产生连锁反应。他们的消极、抱怨、否定和沮丧会影响整个团队的情绪和生产力。当人们感到孤立无援和疏离时，他们会不经意间开始感染周围的人。消极情绪会像瘟疫一样席卷整个团队！我看到过充满希望和乐观的团队因此而惨败。稍后你将知道，这个问题通常与被低估和过度运用的优势有关。他们正在从事的工作与其价值观和内在动力并不吻合。即使最消极的人也能给团队带来优势。

当看到这些统计数据时，你会了解一些情况，对吧？你的团队也许正在远离敬业。不敬业的员工就在某个地方工作着！那你呢？你敬业吗？

研究发现，对敬业度影响最大的是管理者，他们是驱动和指导我们工作的人。实际上，管理者（项目经理也是管理者）导致了70%的员工敬业度差异。帮助员工认识自己的性格优势并在工作中加以利用的管理者会更容易取得成功。

专注于培养员工性格优势而非劣势的管理者可以带出更敬业的团队。当管理者专注于性格优势时，报告称67%的员工有较高的敬业度。懂得并在工作中运用性格优势的员工，其成功的可能性是其他人的18倍。好的管理者是激励者，能力差的管理者是团队的累赘。

好消息是，我们每个人都可以通过学习变得更好，自己和团队的性格优势也可以培养。我们可以交付越来越好的项目成果。

敬业从何而来：性格优势

在积极心理学领域，一些早期研究就包含了性格优势这一概念。性格优势是被广泛认可的，是跨文化的，也是我们内在的优势。我们每个人都有多种性格优势，有些优势是我们一直运用的，这些优势会让我们感到自然、轻松和充满活力；有些优势是我们根据自己的情况选择性运用的。对大多数人来说，有些性格优势不容易获得且需要更多努力。例如，大多数人很难做到自我规范。

盖洛普和VIA性格优势协会的研究表明，运用性格优势是一种快速提高敬业度的方式。知晓、理解和运用性格优势的人会更加敬业，更有可能将他们的工作视为一种使命，并且更有可能做出自发的努力。那些为专注员工优势、重视并激励员工的管理者工作的人，不仅自己更敬业，而且离职的可能性也较小。

探索性格优势的方法有很多，但是最简单、最容易的方法之一就是VIA性格优势协会提供的评估。在本书中，我引用了此评估，因为它非常容易获得。当然，你也可以从任何可用的优势工具入手。

项目经理具有什么优势呢？有项目经理的秘方吗？

项目经理的性格优势

为了探讨项目经理是否比其他人更有性格优势，我邀请了100多名项目经理进行了性格优势调查，并分享了他们的结果。在后面的章节中，我将探讨这些结果的含义。

我发现，在对项目经理的优势描述中，诚实、公平、善良、好奇心和好学很常见。谦逊、自我规范和灵性通常很少。团队合作和领导力处于中间位置，这对大多数项目经理来说都有，并不是显著优势。乍一看，这似乎揭示了项目经理最有可能具有的性格优势。我们可能认为，如果在一个人身上看到这些性格优势的组合，就可以期望他从事项目管理，也可以将项目管理推荐给他作为职业选择。

项目经理与众不同的优势

如果我们得出这个结论，那就错了。当我们将全球项目经理画像和美国项目经理画像进行比较时，我们发现美国项目经理群体表现得非常典型。例如，他们有诚实、公平、好奇心和好学四大优势。研究证实，这些优势是职场人士通常具备的优势。项目经理的基本优势也是这些。和全球项目经理一样，美国项目经理的灵性、自我规范和谦逊也排在最后几位，几乎没有例外。全球项目经理在自我规范和谦逊，甚至灵性等优势上的排名非常一致。只有25%的国家，项目经理的灵性优势排在倒数第5名之前。乍一看，项目经理似乎与普通人没有什么不同。

然而，当深入研究时，我发现项目经理确实有两种比一般人显著的非凡优势。在现阶段，我还没有分析出最好的项目经理具有哪些性格优势，这是未来研究的主题。目前，我们只关注项目经理的哪些性格优势比一般人表现得更显著（或更欠缺）。

显著优势 1：希望

第一个显著优势是希望。其含义是对未来充满希望并努力去实现它；相信自己的未来是可以靠自己创造的。

希望，也就是说期望团队能够产出积极成果，这似乎是在项目团队中必不可少的性格特征。如果项目经理能够给团队带来希望的话，那就更好了。

希望不是愿望，也不只是乐观心态。它是一种积极的性格优势，是制定目标、寻找实现目标的途径、采取行动、沿着途径实现目标等一系列活动的综合。

在希望这一性格优势上，平均而言，很少有国家（只有15%）比我调查的项目经理群体更看重它。

显著优势 2：好学

第二个显著优势是好学。只有3%的国家对好学的排位比我的项目经理样本组靠前！在我的调查中，项目经理把好学排在第3位，这使其成为标志性的性格优势。相比之下，在美国组，好学平均排名为第12位。需要注意的是，尽管平均而言，好学在项目经理性格优势中排名靠前，但在项目经理个体之间，好学的排名差异要大得多。

好学是掌握新技能、新主题和新知识体系，包括正式与非正式学习。好学显然与好奇心这一优势有关，但是它超越了好奇心，说明了系统性增加人们所知道事物的趋势。这是你在自己身上认识到的一种性格优势吗？好学优势帮助整个团队在项目和小组之间进行过渡。最好的项目经理都具有一定的内在知识（第3章将讨论），而好学使开发内在知识成为可能。

是居中优势还是显著优势

在性格优势排名的中间位置，项目经理的两种性格优势排名与普通人不同。

显著优势 3：审慎

首先是审慎，与美国组（排名第22位）相比，项目经理样本组排名第17位。尽管看起来排名差异不大，但只有8%的国家中审慎的排名高于项目经理样本组平均水平！看来审慎也是项目经理的显著优势。除了审慎，我想不出更好的优势来和希望相比。当与有洞察力的规划及目标导向的短期规划相结合时，审慎就意味着慎重和思考。

显著优势4：欣赏美和卓越

对于项目经理来说，另一项排名较高的优势是欣赏美和卓越，该项排名第10位。在美国组，该项排名第15位。在接受调查的75个国家中，平均只有24%的国家该项排名比项目经理样本组高。欣赏美和卓越对项目经理来说有什么特殊价值？正如你将在第4章看到的，它可以帮助我们建立团队的欣赏和认可文化，这两方面都涉及项目经理的敬业度。根据我的经验，欣赏美和卓越优势越明显的人，就越能轻松地表达对成就和同事的认可。

项目经理的底部优势

最后要考虑的是，我们是否有哪些性格优势比普通人运用得少。这样的优势也称底部优势。最明显的结果是，项目经理样本组的社交智能排名第19位，而在美国组，社交智能平均排名第10位。在全球范围内，只有7%的国家将社交智能排在第18位或更靠后，而没有一个国家将其排在第19位之后。

底部优势1：社交智能（运用白金法则）

社交智能的关键概念是社交意识和社交能力。社交意识就是我们对他人的感觉，而社交能力就是我们如何利用这一意识。社交智能可以帮助我们与他人进行有效的互动，了解促使他们前进的动机及他们的感受。这听起来不像白金法则吗？

如果项目经理的社交智能低于平均水平，就会在项目管理的某些关键方面（有效沟通和团队建设）遇到挑战。如果对团队成员的感受和想法不敏感，项目经理又怎能有效地沟通并组建团队呢？

在《阿尔法项目经理》一书中，安迪·克罗认为沟通是最佳项目经理与普通项目经理的关键区别，但根据干系人的反馈，即使最佳项目经理，也没有他们想象得那么好。

如果项目经理能够开展更有效的沟通，这将成为改善项目成果的重要因素。干系人将更好地了解项目的真实状态，项目经理及团队能收到更多有用的输入和反馈，就可以用较少的成本及时发现并解决问题。

底部优势2：洞察力

另一个排名较低却重要的优势是项目经理的洞察力优势（包括项目经理的重要特质——全局意识），平均排名第14位，而美国组的平均排名为第9位。只有10个国家（13%）洞察力排名低于第14位。

洞察力的核心要素如下。

- 高知识水平。

- 提建议的能力。

- 在做出决定前能够识别并权衡多个因素的能力。

有洞察力的人通常也是有全局意识的人。在我对项目经理的调查中，全局意识是项目经理最常提及的关键能力之一。

如果我们的洞察力比周围的人及全世界的人都低，那将意味着什么？其中的一个挑战是，我们无法有效地承担掌控全局者的角色，会高估一些小问题的重要性，抑或迷失在细节中，无法总体评估项目所处的位置。

本书的目标之一就是通过建立欣赏文化并培养成长心态来帮助构建社交智能和洞察力。让我来帮助你吧！

既然性格优势导向是关键,那么我们需要什么培训

我认为PMI是当今世界上最大的项目管理专业组织之一,它发布了当今的行业标准。PMI将项目经理定义为一种职业,同时认可关系管理、敬业度和影响力的重要性。但是,我们有多重视和支持这些概念?作为项目经理,我们如何学习这些新技能?

《项目管理知识体系指南》(第6版)用几百页内容解释了项目经理要怎么做才能成功地管理一个项目,包括项目管理标准、工具和技术。PMI称:"项目经理实现项目目标就意味着项目成功。另一个成功标准是干系人满意。项目经理应满足干系人的需求、关注和期望,确保干系人满意。"

在《项目管理知识体系指南》(第6版)的核心部分,有一个关于项目经理必备的人际关系技能,以及政治、权力和完成工作的新章节。《项目管理知识体系指南》(第6版)强调,最好的项目经理是那些专注于人际关系管理和沟通的人,而最优秀的项目经理将90%以上的时间都花在项目沟通上。

《项目管理标准》列出了11项人际关系技能,并对每项技能进行了简要说明,具体如下。

1. 领导力。
2. 团队建设。
3. 激励。
4. 沟通。
5. 影响力。
6. 决策。
7. 政治和文化意识。
8. 谈判。

9. 建立信任。

10. 冲突管理。

11. 教练技术。

对于项目经理和团队成员而言，这些都是至关重要的人际关系技能，但标准中并未提供如何获得这些技能、将这些技能应用得当会如何，以及缺乏这些技能又该怎么办等方面的指导。公平地说，PMI是一个专业认证机构，而不是一个教育机构。在认证过程中，PMI将评估项目经理组建项目团队的能力。

2014年，PMI推出了"人才三角"，更加强调领导力。不过，我们还是需要自己去开发这些技能，在如何提升领导力方面的指导也很少。我们该去哪里学习这些技能？我们如何成为好的领导者、教练、导师、有影响力的人及团队建设者？

令人高兴的是，随着社会对项目经理的重视和需求的增长，包括攻读硕士学位在内的受教育机会也在增加。但在一些优秀的学校中，项目管理课程仍然专注于该领域学术方面的内容。

浏览一下一些顶尖学校的课程表，你会发现，典型的项目管理硕士教育需要30学分（尽管有些学校要求45~48学分），而核心课程只有3学分，如沟通与协作或领导力与团队合作。换句话说，与建立关系和沟通相关的项目管理技能课时仅占总课时的10%，尽管研究表明，最优秀的项目经理将90%的时间用于沟通，并且排名前2%的项目经理专注于人际关系和沟通。

我相信，那些接受研究生教育的人期望继续领导更大、更复杂的项目。在这些项目中，11项人际关系技能会变得更加重要。遗憾的是，在这方面的培训是最少的，大多数还是选修课。

正如你切身体会的那样，有足够的证据表明，大多数项目都令人失望，而最糟糕的是浪费了本来可以更好地用在其他地方的资源。我们永远无法收回那些在已取消或超支的项目上花费的时间或金钱。如果这些沉没成本可以令我们真正了解什么有效、什么无效，那么它们也是有价值的，但传统的"经验教训总结"是后瞻性的，而不是前瞻性的。我很少看到一个组织或项目管理办公室以前瞻性的眼光预测如何在未来的项目中更改流程，以避免犯过的错误再次发生。在最好的情况下，我们可以从这些错误中吸取教训，并在将来选择和开展更好的项目，但是我们往往不能从中吸取教训，并且注定要在另一个项目中重蹈覆辙。用威尔士歌手雪莉·巴西（Shirley Bassey）的话说，项目通常只是"历史一遍一遍地重演"！

在团队成员的幸福度、敬业度和认可度这些更广泛的问题上，研究强调工作懒散的员工正在和他们自己的角色、工作及生活脱节。许多团队成员似乎都竭尽所能地完成一天的工作，但某些人则在努力干扰他们的进展。

尽管统计数据令人沮丧，却是个好消息。

- 人们认为项目经理是必要的。
- 项目经理认为敬业度很重要，并在提高敬业度方面扮演重要角色。
- 项目经理准备学习更多的技能。
- 对于任何想要学习、实践和应用这些技能的人来说，有一些简单的步骤可以帮助提高敬业度。
- 项目经理已经拥有一些显著优势来帮助自己。
- 敬业的员工往往积极进取，并且有动力把事情做好。

这是因为，敬业不仅适用于其他员工，也适用于你自己。我认为，在项目团队中，团队的敬业与干劲源自项目经理。

那就开始吧！

量身定做

1. 你的组织如何看待项目经理的角色?

2. 你认为你在提高员工敬业度方面扮演什么角色?

3. 你有多敬业?

4. 你已经拥有哪些性格优势?

5. 你现在想学什么?

成功策略

满怀希望　你将成为能够建立杰出团队的项目经理。

保持坚强　你如何利用自己的优势为团队谋取利益?

勇敢前进　尝试新事物以帮助团队团结和成长。

充满好奇　为了发现你的团队想要什么和需要什么,你可以询问哪些问题?

第2章

眼见为实——麦琪的方法

满怀希望、保持坚强、勇敢前进、充满好奇！

学习重点

1 / 了解希望的力量。

2 / 了解心态和性格优势是如何影响团队进步的。

3 / 探索项目经理如何真正利用脆弱和开放建立团队，并理解脆弱并不是弱点。

4 / 在与你合作或将来可能与你合作的团队中发现机会。

接下来的故事是我在多个项目和团队中的经验集萃。在职业生涯中，有几次我以项目经理的身份加入了正在进行的项目。以我的经验，要给团队带来新的洞见极具挑战。如果你足够幸运，能够从头开始建立团队，那么所有方法和实践都是有效的。

值得注意的是，我不是任何项目或团队的部门经理。我只负责项目。我没有正式参加绩效评估（尽管经常有人非正式地要求我提供反馈），并且我对与我合作的团队成员没有管理责任。同样，在这个故事中，项目经理麦琪不是部门经理——她没有权力指导团队成员的活动，只能施加影响。

在本章最后，你将开始理解什么方法有助于赢得团队成员的心。你会发现麦琪发挥了性格优势，她勇敢无畏，以好奇和学习的心态来处理事情（也称成长心态）。最重要的是欣赏他人。当你读到麦琪的故事时，你会发现她的积极态度不是天生的，也不是轻而易举就能保持的。这需要努力工作和计划。要给一屋子人和整个团队带来积极性和动力，就需要策略。本书向你展示了如何制定这种策略。

项目经理的优势——希望、领导力与好学

麦琪具有的全部优势就是她能赢得人心，这并不容易。通常，她不得不走出自己的舒适区。为了能够做好她要做的事情，她必须寻找新工具并学习新技术，然后尝试运用。她必须接受失败。在面对挑战时，她满怀希望，坚定信念，相信自己和团队拥有使事情顺利进行所需的一切。

你也可以做到！你可以运用这些方法，与你的团队一起实验。将来，这些方法能够成为杰出团队的催化剂。

与团队见面

作为项目经理，最难的事情之一就是加入一个现有的团队。进入一个已经建立并形成了自己的工作模式和交流方式的团队，你会有很强的被孤立感。要迈出第一步，走进一个对你而言满是陌生人的房间，但他们之间很熟悉，这需要一些勇气。当我们把第一次相遇当作一次探索时，我们是勇敢的，同时也是脆弱的。这也是一次伟大经历的开始。下面开始讲麦琪的故事。

勇敢

麦琪在屋外站了一会儿，闭上眼睛，摆出了女强人的姿态。她早已不在乎房间里到底有谁。她为大家准备了一份报告，报告结构严谨，内容详尽。她觉得自己已经为第一次见面做好了充分的准备。她列出了未来的任务并制订了下一步的详细计划，这是她和前任项目经理理查德一起准备的。

欣赏与希望

麦琪对团队未来的发展有自己的设想：她的团队将是一个相互支持且富有成效的团队。团队成员应该目标清晰、沟通良好并履行所有义务，在她和其他项目经理很少干预的情况下管理自己的日常活动。这就是所谓的"自治型团队"。它改变了现有模式，即完全由上级根据成员的现有技能和角色分配任务。新模式将鼓励团队成员发现并发挥自身的优势。

考量优势

为了初次见面，麦琪考虑了哪些优势对她而言最有价值。希望是至关重要的。如果不相信这个团队充满了可能性，可以完成项目，那么她的到来就没有任何意义！勇敢和公平也很重要。她认为善良绝对不会有错。毕竟，正如某位哲人所说："如果你必须在正确与善良之间做出选择，那么选择善良，你将永远是对的。"

幽默也许也能派上用场，但她必须在开玩笑之前先获得团队的认可（麦琪敏锐地意识到，她开玩笑时并不总能达到预期效果）！麦琪也考虑到，有时候公平会让她陷入一种进退两难的境地，使她很难做出决定并继续前行。她必须对此加以注意，并加强判断力、领导力和洞察力，以帮助自己继续前行。

最后，她认为感恩是有益的。她会感恩任何小的信任、信念或尝试的意愿。

社交智能

就在麦琪走进房间之前，她甚至不确定大家是否坐在一起时，就决定放弃演讲。团队需要了解她这个人，而不是一个计划。而且，如果她的总体计划是让团队参与，听取他们的意见并将他们发展为自治型团队，那么从她的个人愿景出发就没有任何意义，因为团队需要建立共同愿景。此外，在过去几个月中，他们已经有了足够多的计划、泳道图、甘特图、职责分配矩阵和任务清单，够一个人做几辈子了。

明确了优势，稳住了呼吸，在将演讲稿丢到垃圾桶后，麦琪走进了房间。她环顾四周，发现房间里摆满了随意摆放的椅子。她还不认识团队成员，也无法说出这种安排是否有意义。后来，她发现人们按照不同职能分组坐在一起。业务分析师与业务分析师坐在一起，开发人员与开发人员坐在一起，项目经理与项目经理坐在一起。

看见大家略显阴郁的脸，麦琪的心咯噔一下。现在她很庆幸把演讲稿扔在了垃圾桶里！前任项目经理理查德曾建议她做一个演讲。他现在好像也暗示她要开始演讲！他介绍了麦琪，也没做什么背景介绍，就说自己要去负责新项目，两周内由麦琪接手该项目。他告诉团队，他将在这两周内与麦琪合作以确保顺利交接，还询问大家是否有问题。看大家没什么问题，他迅速离开了房间，嘴里还嘟哝着他最好不要在场。

麦琪再次环顾四周。只有几个人在直视她。大多数人都在涂鸦、写着什么，或者干脆盯着自己的笔记本电脑。

成长心态与热情

麦琪深吸了一口气，笑了。这比她想象中的情景还要艰难。"我喜欢挑战！值得做的事都不容易！"她心想。她走到房间中央，等待大家安静，然后轻声说："早上好。我叫麦琪，很高兴成为新的项目经理。"她在说"新"字时，以为会有几个人离开座位。与此相反，她看到人们缓缓地重新调整自己的椅子，并注视着她所站立的中心位置。

诚实与判断力

杰克逊抬起头看着麦琪。麦琪一言不发，笑了笑，扬起眉毛，邀请他说出他的想法。他叹了口气，说："我没有反对你的意思，我们甚至都不认识你，但你是19个月以来的第4位项目经理。他们似乎只是在我们这里接受了培训，然后就走了。"

有很多人都在点头。

梅雷迪思接着说："这里的人还不是整个团队。团队中还有很多远程工作者。我们还有另外4个办公地点。大多数团队成员都在伦敦或圣彼得堡，还有海得拉巴。似乎没有人考虑过他们。"

麦琪想，团队需要一种与其他同事联系的更有效的方式。

她环顾了团队的其他成员，希望他们继续发表意见。米兰达接下来发言。"你了解过我们的项目吗？"她问，"或者你也和那些人一样，认为项目管理是通用的,所以你不需要了解业务、技术或环境?"

现在,所有人都用怀疑的眼光看着麦琪。她确信自己听到了整个团队的叹息声。

在她回答之前,有人说:"至少给她个机会吧,我想听听她说些什么。"

成长心态、自我规范与毅力

轮到麦琪发言了。虽然有些紧张,但她下定了决心。她相信,只要能够得到他们的帮助,她就能获得她需要知道的东西。

"尽管我经常运用网上银行系统,但我承认我在如何部署网上银行系统方面一无所知!"房间里的人发出了沮丧的叹息声。幽默很快就会来了!麦琪注意到有几个人把椅子往门的方向挪了一点。"但是,我非常了解信息技术,并且愿意向你们承诺3件事。"

承诺与团队合作

"第一,我将尽我所能地努力工作,了解你在做什么,为什么做,哪些有效,以及哪些会妨碍工作。

第二,项目经理仅仅是个角色而不是状态。我的工作是了解项目,为包括你们在内的干系人和管理层提供单点联系方式,保证沟通清晰、准确,清除障碍,获得正确的支持和资源,最重要的是确保你们每天竭尽全力。

第三,我承诺我们会开心地工作。这是一项艰苦的工作,需要你们时刻保持专注和专业。因此,让我们放松心情、振作精神并保持健康,这些非常重要。这不仅是对在座各位的承诺,而且是对整个团队的承诺。无论成员身在何处,这都是我希望实现的目标。"

说到最后一点时,欧文笑了。其他一些人也跟着笑了。"保持健康?"他笑道,"我们每天都在拥挤的空间内工作,只要有细菌,它们就会到处散布。去年冬天,我得病的次数比我孩子上小学时都要多!"他的一些同事点了点头。"天知道,我们生病后却不能留在家里!因为有太多工作要做。"

审慎与诚实

麦琪针对工作场所记下了另一个问题,她需要允许人们生病时留在家里!

在那一刻,麦琪感到自己有些不知所措。房间里充斥着愤怒和无奈。她看到团队成员几乎不相信这次会有所不同,不相信她能够为他们提供帮助。在那一刻,她还不知道该怎么做。但是,至少团队在和她交流,这是一个好的开始。

不断前进,一步一个脚印

当朝着目标努力时,我们有时会觉得不可能取得进展。我们所看到的只是困难和障碍,感觉没有能力实现目标。在这个时候,我们应从两件事中获得启迪。第一,"罗马不是一天建成的";第二,我们现在所知道的并不重要,更重要的是我们对学习和成长的开放程度。

成长心态、社交智能和判断力

麦琪感到有点儿紧张,所以她停下来提醒自己,她还不知道该怎么办。没有人能够走进一群不高兴和希望破灭的人中,并立刻把事情办好。这需要时间。她不是部署网上银行系统的专家,这些人都不认识她,她也不认识这些人。她在该组织工作的时间也不长。整个团队在前进的过程中还会有很多进步的空间。她确信,有机会在既有成果的基础上再接再厉。她也确信,在这个项目上,她可以帮助团队成员完成任务。

现在,她只需要继续证明这次机会值得一试!

麦琪改变了策略。

欣赏式探询

"那么，我们做了哪些项目工作？"她尽可能直接地问，不带有任何讽刺的口吻。麦琪仿佛听到了项目成员如何挣扎和团队希望破灭的所有故事。

房间里鸦雀无声。

"来吧，"她说，"项目一定有什么优点。哪怕是停车容易，或者从办公室到家很方便！就我个人而言，这里有我工作过的所有地方中最好的自助餐厅。"

房间里发出了笑声。

审慎

亚历克斯开口了："我认为我们对网上银行系统的设计把握得很好。在这方面，团队花了很多时间。此外，我们对它进行了研究和测试。"

有人低声表示同意。

欣赏卓越

"我们拥有真正的技术人员，他们致力于实现目标并相互支持。每个人都竭尽全力，不仅在这里，在其他地方也是如此。"米兰达主动说。

团队合作与洞察力

"我认为我们合作良好、彼此支持。有时我们才是真正了解整个项目内部运作的人。其他人只看到各自的部分（他们正在开发的系统），而我们看到了全部。"艾普莉说。

"当然，也没有人要求我们提供意见！"本抱怨。

"事实上,我们有5个办公地点也很不错。我们可以在一天结束时将工作成果交给另一个办公地点的团队成员,他们可以继续工作。当需要进行错误修复或根本原因分析时,这个方式非常管用。我们也找到了运用在线共享工具进行工作交接的好方法。"设计负责人克里斯蒂娜说。

马克说:"我只希望我们可以更好地与团队中的其他成员保持联系。"

社交智能与爱(影响力)

团队开始有了进行交流的动力和热情。

大家的讨论开始激烈起来。只要让一个人开口,就足以顺利推进事情,麦琪的本意也是让他们开口。麦琪已经来不及记录了,她希望自己能有一台录音机。但转念一想,在第一次见面就这样做,会有些尴尬。于是,她马上决定,不收集任何评论或反馈。她不想因为自己的唐突而妨碍其他人加入讨论。

大约20分钟后,团队成员的发言似乎自然而然地停了下来。麦琪也将开始讨论另一个话题。

创造力、热情与社交智能

"这里有些好吃的糖果,"勒西说,"也许我们现在应该停下来尝尝!"

团队同意休息一下。经过一番讨论,大家决定第二天继续开会。大家也都同意花一些时间思考哪些工作有效,并为进一步的探索和计划做好准备。他们勉强同意保持开放的态度,即使最近的经历令人沮丧,也要给新项目经理一个机会。

毅力与希望

当其他人离开房间时,克里斯蒂娜走近麦琪,说:"如果你能抽出一点时间,我很乐意向你介绍我们正在做的事情。"

她的态度让麦琪深受鼓舞。克里斯蒂娜补充说："除非你认为不需要了解网上银行系统。"

还是缺乏信任。麦琪再次提醒自己——"罗马不是一天建成的"，并且在自己的脑海里将毅力作为一项性格优势加入培养清单中。团队需要时间了解她，就像她需要时间了解团队一样。她将专注于小胜利，大胜利自然而然就会到来。

麦琪感谢了克里斯蒂娜，并说她不认为自己可以在一次会面中就消化所有需要了解的东西。她询问两人能否定期见面。"直到你跟上节奏吗？"克里斯蒂娜问。

"我想一直到项目结束都是如此。你是首席设计师，你对整个项目中发生的事情有很好的见解。如果我要为团队打通道路并迎接挑战，那么我需要知道团队的需求。"

克里斯蒂娜不动声色，但她说她很乐意定期会面。"和项目状态会议一样吗？"她又问。

"在会面中，我们可以讨论一切——成就、机会和问题。我们可以在日历上设定日期，也可以只要我们认为有必要就见面。如果你认为有必要，也可以邀请其他人参加。当然，你和所有人一样，如果有事，可以随时随地找我。"

判断力与团队合作

"要让我跟上节奏，你认为我还应该和谁坐下来聊聊？我应该安排和每个人碰面吗？"麦琪又问。

克里斯蒂娜大吃一惊。"每个人？"她问，"你是说我们这里所有人？"

"还有其他地方的人。"麦琪回答。

克里斯蒂娜说："人太多了。"

"是的，但是如果我要找出哪些可行，哪些无效，哪些可以改变，以及哪些不能做（如果我要与这个团队合作，就需要了解团队），"麦琪回答，"那就是所有人。"

克里斯蒂娜笑了，说："我不认为我认识、了解所有人，但是我想也许我也应该这样做。我们俩可以一起和他们见面。"她停顿了一下，"等等，如果你单独约他们，他们可能会更坦率相告。"

克里斯蒂娜准备离开会议室去喝咖啡了。离开之前，她转身说："节省一些时间吧。从理查德那里交接工作是徒劳的，他对我们的工作一无所知。他明天就开始休假了！"

好学与爱

在两次会议之间，麦琪盘点了她了解到的一切。要将这个团队打造成团结、有凝聚力的自治型团队，还有很长的路要走！目前，团结的唯一来源似乎是共同的沮丧和挫败感。即便团队外部的推动力如此之大，但只要团队缺乏对环境及其命运的自主权和控制力，自治就是一种幻想。可喜的是，团队成员仍然在那儿，他们和麦琪一起在房间里，仍然愿意参与。他们可以用已有的东西做更多的事情。况且他们还有了一位热爱挑战，不介意承担责任和改变既定做事方式，热爱并支持团队的项目经理！

她还发现，耐心等待并让大家自由发言是有效的。专注于已经有效的事情（即便它们与项目没有直接关系）可以起到抛砖引玉的效果。她还意识到，脆弱和勇敢会带来一些挫折感，但也似乎建立了一些信任。至少有那么一点点！

深入发展

第二天开会时，麦琪再次环顾了整个房间。现在，大家都挤在一张不知从哪里冒出来的会议桌旁。人似乎比以前更多了。房间里的人太多了，麦琪想让大家起身活动活动。

"嘿，还有没有可以办公的地方，空间大些，不要有会议桌？"她问。

创造力与自我规范

"当然有，可以去工作室啊。我们可以将会议桌挪走，然后用白板。"克里斯蒂娜站了起来，离开了座位，给麦琪带路。

工作室是一个宽敞的开放式区域，里面有许多桌子、隔板和白板。麦琪在桌子上发现了消毒湿巾，她猜想这些湿巾是为预防流行病而准备的。工作室中间有一大桶糖果和一台打印机。打印机连上了地板插座。团队成员轻手轻脚地绕过它，回到自己的座位上。平整的墙壁上空空如也，桌上没有个人物品，但看上去有些凌乱。

麦琪看到有些人坐在角落里，他们前一天没参加会议，便询问他们是谁。

"哦，那是硬件小组。他们正在测试服务器并进行升级操作。理查德说可以安排其他时间和他们见面。"梅雷迪思说。

灵性与关系管理

麦琪走到角落处，向硬件小组自我介绍。她看到大家的目光在漂移，好像在告诉她浪费了他们多少时间似的。

"我们的工作介绍会议还没有结束，"麦琪说，"我们离开会议室来到这里，如果你们愿意加入，我们将非常欢迎。我们一直在讨论该如何做好这个项目，以及走马灯式地更换项目经理是件多么糟糕的事情！"她注意到他们脸上一丝稍纵即逝的微笑。

麦琪继续说："这是我昨天在小组讨论中记录下来的清单。"她开始念道：

- 餐厅不错。

- 停车方便。

- 有良好的团队联系——彼此支持。

- 具备了利用多个办公地点交接工作的有效方式——全天工作。

- 有对整个项目的全局观，包括对其他系统工作方式的见解。

- 办公室离许多人住的地方很近。

- 团队成员集中办公有助于沟通顺畅，并加快设计和开发。

- 团队中的所有角色都具备高水平技能。

- 愿意尝试新事物。

- 团队成员有很好的幽默感。

- 这项工作很有挑战性，而我们喜欢挑战。

- 我们一直在学习新东西。

麦琪想继续说时，硬件小组的技术负责人德瑞克说："我们只是硬件小组，你没必要倾听我们的声音。"

麦琪停了下来，问："你们是网上银行系统团队的成员吗？"

"是的。"他支支吾吾地说。他还想继续，但麦琪打断了他。

"你们和这群人一起工作吗？"她扬起了手，指着房间里的人，"每天？"

"是的。"

"你们是否支持在其他地点工作的团队成员?"

他回答:"是的。但因为时差的缘故,有些困难。"

幽默与团队合作

"那么,如果你们有时间,希望你们能加入我们。好戏才刚刚开始。"麦琪笑了。

德瑞克看上去有些困惑,麦琪也不确定他是否感到烦恼。他通知其他硬件小组成员来到屋子中间。就好像要求他们参加大型演出一样,小组成员一个个很不情愿地从办公桌边起身,缓缓来到屋子中间。

"好吧,"麦琪说,"我们需要在白板上整理这些内容。谁可以把它们都写下来?"

没有人回应。

"相信我,"她笑了,"你们不会希望我在白板上写字吧,我自己都看不懂我的字。"

领导力

欧文和勒西走到前面,拿起了白板笔。人们开始回忆自己前一天讨论的内容。

白板上列出来的前两条是"自助餐厅很棒"和"停车方便",这与麦琪写的内容不谋而合。看起来她交了一些朋友!

自我规范与团队合作

一旦每个人都觉得写下了好的方面,并且成功抵制了探究那些不奏效的事情的冲动,团队就会停下来,对自己的工作进行评估。几个人开始拍照。团队同意将照片发送给海外团队成员,并请他们提供意见以增加清单里的内容。

"接下来,"麦琪说,"让我们探讨一下未来。假设一切都按照我们想要的方式完成,那会是什么样子?"

欣赏式探询——培养创造力

同样,有人露出了难以相信的表情。德瑞克的小组成员窃窃私语,并把他推到了前面。他向屋子中间走去,说:"我们将再增加一个成员,并且轮班工作,以便有效地支持世界各地的团队成员。目前,我们运用的是随叫随到系统,但我们确实需要能够为每个时区的每个人提供支持。"

"那么,我们的愿景是提供24小时实时支持?"麦琪马上接过话茬。

"嗯,软件发布将是每月一次,而不是每周一次。他们应该在所有项目和项目集中进行协调。"一个陌生的声音说。

"那太好了!"克里斯蒂娜说。"在其他系统发布新版本之前,我们的开发人员从未深入他们的开发工作,所有映射都会发生变化。如果实行每月一次的发布周期,我相信,虽然团队的速度会减慢一些,但稳定性会更高。"

"这么说,我们的愿景是与其他项目更紧密地保持一致,实现更全面、更受控的发布流程?"麦琪问。

一个新的声音也加入了讨论。"我们将与企业进行更多的互动。我感觉我们好像在轮船的机舱里。我们身上乌漆麻黑的,不愿让乘客看到我们。但是,如果我们可以直接与他们交谈,我们会更好地了解他们希望系统具备的功能,因为我们可以在需要的时候使轮船的航行变得相当顺利!"

"那么,愿景是什么呢?"麦琪放低了音量,邀请他们进行补充。

杰克逊说:"要与企业及其所服务的客户进行更紧密的联系和互动。"

"我们要与业务合作伙伴紧密联系。我们应始终向他们学习,加深我们对客户需求和优先事项的理解。我们应该经常收到相关工作的反馈。"一直没有出声的艾迪生说。房间里的几个人对他的建议表示欣赏。

"是的。我们也可以更好地设定组件的优先级。"麦琪不确定这是谁在讲话，但她很高兴看到更多的团队成员加入讨论。

另一个新的声音继续说："由于我们是网上银行系统开发团队，并且正在构建与客户交互的应用程序，因此我们将参加其他系统的所有设计会议。他们做出的每个决定都会影响我们的设计。而且，我们通常会用对下游影响最小的方式处理他们的变更。他们并不知道我们对所有输入和输出系统的了解有多么广泛和深入。有人在前台做了变更，我们的流程就会中断。有人在后台更改程序，我们就没有正确的数据来处理客户余额和利息等信息。"

"所以……"麦琪停了下来。

"这又回到了与其他团队和业务伙伴更加紧密联系的问题。"艾迪生说。

热情

"我们的愿景是与整体更为融合！"艾迪生热情洋溢地说。大家讨论很激烈，麦琪很难知道谁在讲话。她做了记录，想会后和克里斯蒂娜碰面，以便找出会议中参与度高的人。不过，好像每个人都在参与。

"有一半时间我都认为他们甚至不知道我们的存在！"

"我们可以给自己树立品牌。我们可以让人们更加了解我们所知的、所做的及所贡献的！"

"是的。我们需要更多的人了解我们的工作！"

"我们也要对项目的发展方向有更好的了解。我们要有更多机会与主要技术发起人联系，我们想挑战他的一些设计思想。而且我们将有更多业务机会和更多客户。也许我们可以组织客户焦点小组参与我们的贝塔测试。"

"我们的大多数员工都是银行的用户。我们可以让他们中的一些人为我们进行测试，这将帮助他们在支持客户运用该系统之前更加熟悉系统。"

"我们应该有时间不间断地完成工作。"

"我们应该在开放式计划之外留出一些时间完成工作。"

"在开放式计划内没有免提电话！"

"我们应该更频繁地与远程团队成员见面。"

"我们应该做更多有趣的事情！我们需要更多笑声！"

"我们应该让所有人参与项目规划，不只是项目经理和首席设计师。"

"规划应该贯穿整个团队，从高层级计划到详细计划，直到计划生效。"

"我们应该按照不同的干系人群体设定更为定制化的沟通方式。没有'标准'的沟通方式。"

"我想减轻压力。"

接二连三的想法和声音渐渐稀疏了。此刻已经是快下班的时间了，团队决定结束这一天的工作。

在讨论过程中，麦琪看到了许多性格优势，尤其是热情、创造力、希望、公平、审慎、社交智能、幽默和诚实等，这真是第二天的一个惊喜！

经过几次会议，团队有了一个愿景。

团队愿景

我们的团队与其他技术团队和业务部门的代表紧密合作、共同工作，汇集我们的才能、知识和经验。我们从整个项目的所有其他参与者（无论是技术团队还是业务团队）获取信息并提出意见。我们与干系人、客户和其他团队密切合作。

我们得到认可和欣赏，并提出建议。

我们能够平衡自己的工作和生活，更好地照顾自己，创造一个可以帮助我们完成任务的良好工作环境。

我们了解并发挥自己的优势，并寻求最有知识和经验的同事（正式和非正式地）帮助我们有效地推进工作。我们与他人公开协商，以寻求正确的解决方案。我们不受正式头衔、角色或职位的限制，而是根据才能和干劲分配工作。

影响力、团队合作与关系管理

为了支持这一愿景，团队希望利用整个团队和身边其他团队的专业知识。他们还希望利用单个团队成员的特殊兴趣和激情。团队希望维持紧密联系的团队环境，甚至希望保留开放的空间，并做出一些让步，以允许减少工作量和留出安静思考的时间，为那些需要暂时休息或对环境感到不适的人提供便利。

当会议最终结束时，有几个人走到麦琪跟前，问是否可以单独和她见面。一位她不熟悉的团队成员将白板作为日历来用。麦琪先将自己有空的时间写在上面，然后他们再选择自己的时间进行匹配。

信息交流势头良好，并且信任已经开始建立了。

当麦琪离开房间时，她已然感到与团队之间有了良好的开端。当她准备上车时，她听见了一些笑声。

本是其他办公地点团队的主要联络人，他跑过长长的大厅，在电梯前追上麦琪，询问她是否想与其他地点的团队成员预约会议时间。

规划、公平与团队合作

麦琪为自己融入更大的团队制定了路线图。她将与所有人（尽可能一对一）会面，进行30分钟的讨论。任何不想一对一见面的人都可以与另外两个人一起参加，由他们自己选择。会议将遵循相同的问题模式。

- 现在什么是有效的？
- 如果要求项目和团队竭尽全力，我们该如何做？
- 我们要采取什么措施才能迈入理想状态？
- 你愿为实现目标做出什么贡献？

希望成真：树立我们可以到达彼方的信念

在开车回家的路上，麦琪回忆起小时候和奶奶一起乘公共汽车，有人问奶奶去镇上某个地方的路。麦琪不记得细节了（当时她只有5岁左右），她只记得奶奶的回答："哦，不行的，你从这里到不了那里的。"当时她以为奶奶的意思是那个地方是到不了的。成年后，麦琪意识到奶奶只是不知道从她们所在之处到达目的地的路线而已，因为不可能有过不去的镇子！

人们通常认为事物是固定的，如智力、能力和个性。麦琪在此项目上的部分工作就是表明团队可以做出改变。虽然不会一次全部发生，但是作为一个团队，他们完全可以朝着愿景前进，因为他们可以学习和成长。

规划与社交智能

在第一次会议后的几天内，团队开始了日常工作会议，团队成员向麦琪汇报了工作。该项目有史以来第一次，会议不仅包括项目经理，还包括测试经理、测试数据经理、业务流程变革经理和资源经理。任何涉及项目管理的人，无论其头衔如何，都被邀请参加会议。

会议目的是简要回顾当天的项目状态。会议涵盖了重大成果、失误和阻碍，并制订了行动计划。与会人员强调应提出需要高级管理人员注意的事项，无论是好的还是坏的，以及之后需要关注的事项。

热情与能量

会议结尾（仅30分钟）专用于娱乐！这么做一开始并不太自然，一位同事说："这是件苦差事，我们对开心不抱任何期望！"

短短几天内，在与其他地区团队成员协商之后，本地团队与其他地区的同事召开了一周两次的站会和每月一次的视频会议。虽然这些视频会议在技术上有些挑战，但因其本意是好的，所以得到了认可。本地团队很高兴能够在视频中见到他们的同事，并把他们的名字和脸一一对应起来。其他地区团队的反馈是，总部的团队成员经常看见他们，让他们更有归属感。团队定期介绍新成员，分享有关个人的最新消息，如生小孩、结婚、晋升、第一次马拉松赛跑和毕业等。

欣赏、善良和爱

随着继续与更多的人会面，麦琪在她遇到的每个人身上都看到了与众不同的闪光点。麦琪希望有一种能使整个团队都看到这些特质的方法。随着时间流逝，她越来越喜欢自己的团队。他们专注、聪明、富有创造力，他们有趣、诚实，他们体贴、有条理、友善。最重要的是，他们充满希望！麦琪看到了伟大的合作友谊、共同完成工作的意愿、实现项目目标的承诺。

但他们也因为几个月来在不断改变目标的重压下挣扎，以及总是从第三方获取信息而变得疲惫不堪。有人告诉麦琪一件事，他们开发并交付了一些新功能，最后却发现这些功能早在两周之前就从项目范围中删除了！

项目经理小组在日常会议上讨论了有所退却的工作热情，并提出团队的情绪需要舒缓。会后第一天，麦琪就采取了措施，她在自己的电子邮件签名中加上了励志名言。小组决定采纳这个创意，并向团队成员发出邀请，请他们分享最喜欢的名言。他们收到了团队成员发来的各种名言，其中一些是众所周知的，另一些是新奇的。麦琪开始每两到三天更改一次电子邮件签名中的名言，轮流运用每个团队成员建议的名言。

在项目经理日常会议上，小组制定了一些活动和社交主题，使得团队可以凝聚在一起。一位项目经理建议本地团队进行团队建设活动，大家一起做意大利面条和棉花糖，由他负责协调和运作。这是一个有趣的活动！

麦琪意识到其他地区团队很难开展相同的活动，因此要求他们提出想做的事情。一个团队共进晚餐，另一个团队组织了一场板球比赛，还有一个团队进行了小测验。大家都分享了照片！欧文还提出在团队站会上做一些脑筋急转弯或玩一些小游戏，然后通过电子邮件与其他团队成员分享这些内容。

热情

非常出人意料的是，本建议所有团队成员都来讲笑话。

欣赏

克里斯蒂娜建议采取同级员工认可计划。在每周两次的站会和每月的视频会议中，同事们分享承担了职责之外工作的人员名单。大家将提名用电子邮件发给麦琪，然后，麦琪每周用电子邮件公布一次名单。

注意：让麦琪没想到的是，一些团队成员觉得提名对其他人不公平。从文化的角度说，这么做会导致分裂，尤其是涉及奖励的情景。经过一番讨论，团队同意尝试一下该做法，然后获得反馈，以查看该做法是否应该改进或取消。似乎可以缓解担忧的一个因素是，这是一个同级员工认可计划。麦琪负责收集提名，但她并没有挑选获奖者，他们的部门经理也没有这么做。

这一为网上银行系统开发团队制订的激励计划是一个很好的提醒，即要考虑不同背景的人们是否会对方案做出相同的积极回应。从团队中获取意见，并确保所谓的激励计划真正是一种激励，这一点至关重要。一种方案并不能适合所有人、所有文化和习俗。

注意：另一个小插曲是，有些笑话并不适合与大家分享。并非每项举措都能达到预期或希望的效果！

扩大影响

尽管赢得团队认可对于麦琪来说非常重要，但她知道自己必须扩大影响，甚至影响团队之外的人。她需要听取一些团队成员的建议，并开始将其纳入与其他干系人和团队管理者的对话中。随着与团队交往的深入，她现在需要运用相同的方法扩大影响。她需要带领团队一起前进。

团队合作与执行

麦琪希望与其他团队和管理层一起解决一些更棘手的问题。比如，跨项目代码发布管理问题一再出现。其中一个投诉是，总部控制进度，在美国经常进行变更，也不通知或很少通知干系人。总部也拥有重新制定发布进度的权力。经过多次磋商，麦琪认同了团队的意见，并将此问题作为她变革议程上的第一项。

她的团队帮助她清楚地了解发布管理的情况。他们甚至提议单独任命一个发布经理，由该经理负责协同各个项目和各办公地点的需求。

他们开始合作开展商业论证，以说明这样做的意义，即为何最初看上去不方便且有可能为其他人带来麻烦的某些事情却会为全球项目带来收益。要说服他人同意并不是件容易的事情，需要一些时间。

影响力与关系管理

其他团队认为，如果他们无法获得每周发布的代码，就必须重新规划整个项目。总部快速做出回应，但令人惊讶的是，他们很欣赏全球发布经理的提议。他们甚至建议由专人来管理。为了缓解其他团队的担忧，麦琪询问他们是否从每周发布的代码中获得了所需的东西。有些人认为他们需要它，因为这是他们项目计划开始时基于的假设。但事实是，每周发布的代码并没有给他们带来所需的更新。麦琪、项目经理小组和其他团队负责人召开了跨项目工作会议。在会议中，每个团队介绍了他们的解决方案。经过几天的讨论，进展缓慢。麦琪决心解决这个问题。她找到了主要反对者芬尼，并领着他和整个团队一起工作了一周。（通过和团队一起工作，芬尼很快就意识到了团队的痛苦所在！）

影响力

芬尼很惊讶。麦琪向他描述了她的团队在开发工作中如何过着"土拨鼠"般的生活。

他们在开发中收到上游团队修改后的代码，然后要求他们修改之前构建的一切。这么一来，他们从未往前推进，也从未进入其他功能领域。其中一个或两个界面在不断变化，导致无法研究其他系统界面，干系人很不满意，因为他们没有看到在线系统中有新功能。本应几个月前就可以自动化的工作，现在却在手动进行。

麦琪的上游团队从不知道他们的变更所产生的影响。最终，大家都认识到，所有团队实际上是一个团队，都朝着一个共同的目标努力，即帮助客户成功上线网上银行集成系统。芬尼说，以前，当麦琪的团队需要从他们那里获得支持时，他们感觉莫名其妙。现在不一样了。

团队合作

有了这种新的理解,团队立即开始研究一种方法,不仅可以控制版本,还可以在设计和实施变更方面协作。

麦琪注意到,在管理会议上,越来越多的人在说:"不要忘了网上银行系统团队!"或"这会对网上银行系统团队产生影响吗?"麦琪和团队一起取得了第一个胜利!他们朝着自己的愿景迈出了一大步!

量身定做

1. 该故事中,成功的关键因素是什么?
2. 你在该故事中认识到了什么?你已经做了什么?
3. 你认为哪些做法可以立即在你当前或未来的项目中应用?
4. 你将为该故事添加哪些实践,以便把事情做得更好?

成功策略

满怀希望 你从该故事中观察到了什么?这将对团队的日常交往有何帮助?

保持坚强 观察团队,确定要采取的行动,帮助改进团队行为方式。

勇敢前进 什么样的艰难谈话能让团队受益?

充满好奇 选择和团队中的一人会面,以进一步了解他的看法。

第 3 章

影响力——项目激励者最好的朋友

> 影响力不是我们拥有的全部,而是我们需要的全部。

学习重点

1 / 了解影响力和"涟漪效应"。

2 / 了解固化心态和成长心态的概念。

3 / 了解你的影响力和各种心态对项目成功的影响。

4 / 了解欣赏式探询的基本原理。

权威或影响力——权力在哪里

许多项目经理在带领团队实现既定目标或以期望的方式行事时面临挑战。项目经理没有管理部门的直接责任，只有一个看似不确定的手段——个人影响力。当我与项目经理讨论本书提供的方法时，他们通常认为自己无能为力，因为他们无权进行评估，也没有资源购买最新的团队建设工具。一位项目经理对我说："听起来不错，但对我来说没用。"当我问他为什么这么说时，他回答："因为我没有权力告诉别人该做什么。"读了本书后，他说，他看到的神奇之处是，你不需要，也许也不想告诉人们该做什么！你需要的是影响力，而不是权力。

当我们运用权力告诉团队成员应采取行动时，我们不会和他们一起承诺。当我们离开房间（或项目）时，他们的干劲就渐渐消失了。但是，当我们影响他们做某事时，我们会与他们的感觉和信念联系在一起，并激发他们的承诺和干劲。这种承诺可能是对我们的承诺，因为他们喜爱并尊重我们；也可能是对其他团队成员的承诺，因为他们觉得自己是团队的一分子，有共同的目标；还可能是对最终结果的承诺，因为他们认为最终结果是有价值的，与自己的价值观是一致的，有理由为之努力奋斗。当我们离开时，这种承诺和干劲还在，也将保持下去。

大多数人都熟悉"涟漪效应"这一现象，即想法、信念或实践的无意识传播。"涟漪效应"的妙处在于，一旦你了解它，它发挥作用就可能不是无意的了。"涟漪效应"可以在广告中发挥作用（在该领域的应用机会很多）；也可以在政治上发挥作用（在该领域的应用机会很少）；还可以在工作场所发挥作用。

"涟漪效应"有时也称树立榜样。父母想给孩子树立榜样，让他们模仿，有时孩子也会不经意模仿父母不想让他们模仿的行为。我们通过学习榜样，展示了在每个环境中所预期的行为。

铭记这一点！如果你全心全意，用敬业、热情和承诺尽力而为，会对你周围的人产生什么影响？如果你能够观察并认可每个团队成员的优势和价值观，会在整个团队中产生什么影响？团队成员的感受如何？他们愿意做什么？他们将如何了解对他们的期望？你能产生多大影响？

在第2章的故事中，麦琪的敬业、对任务的关注及开展对话的决心对项目团队施加了影响力。虽然影响力开始时很弱，但从一个"至少给她一个机会"的陌生声音，以及勒西和欧文支持她将积极因素汇总在一起时，就开始建立了。

涟漪可以扩散多远？如果你的项目或项目集可以做出改变，即使它是独立的，也会影响你的个人体验及直接与你打交道者的体验，这些改变又会转而影响每天与之互动的人员。

大量研究表明，我们受到周围人情绪和态度的影响。人类是社交动物，能够清晰地感知和接受（当然也传递）情感、情绪和态度。

杰佛瑞·平托（Jeffrey K. Pinto）和欧姆·哈班达（Om P. Kharbanda）在《偶然入行的教训》中提出："热情和绝望都具有传染性。"

韦恩·贝克（Wayne Baker）发表在《哈佛商业评论》中的文章说："我们通过与人的互动获取能量。"

作为项目激励者，"涟漪效应"或影响力是我们最强大的武器之一。不能因为我们没有权威和权力，就敷衍了事或将事情推出去。影响力及建立影响力的能力，是我们最好的朋友。它比权威更强大、更持久、更可持续！

麦琪为积极行为树立榜样，在团队中产生影响，并影响团队的行为和体验，这些能力贯穿于整个第2章。本书的目的就是帮助你用同样的方法了解如何与团队合作。

形成你自己的"涟漪"

当职业生涯开始时，我看到一些人似乎天生具有风度或吸引力。他们可以在几分钟内影响决策，也可以激励并动员人们去做任何事情。很长一段时间，我都认为你要么天生就有这种风度，要么就始终没有。

他们很有魅力，总是能说到点上，在交流中效率很高。他们总能在恰当的时机说出恰当的话，让人们跟上他们的思维。我相信在与你共事的人中也有这样的人。也许你就是其中之一。这些有影响力的人看起来与周围的人有着天然的联系。我可以从人们说话时点头的方式及人们寻求帮助时站起来的方式中看出这一点。

多年来，通过与这些人直接交谈，我意识到，尽管有些人可能具有赢得人心的天赋，但是最有影响力的人还在持续努力。令人惊讶的是，他们一开始的关注点就不是他们自己和自己的信息。他们更多地关注他人，传递出对听众而言最重要的信息。这又让我想起了白金法则。最有影响力的人"待人如其所愿"。

有影响力的人如何发现什么是对听众或团队最重要的东西呢？他们关注，他们勇敢、脆弱、好奇，他们寻求并认可事情的重要性和对他人的重要性。他们为他们想要看到的行为树立了榜样。

对我影响最大的是罗伯特·齐亚迪尼（Robert Cialdini）的作品。当我第一次看到他有关影响力的6个支柱时，我对影响力如何影响他人有了新的认识和理解。但是，我也开始考虑有效地建立影响力面临的挑战。在项目开始时，我认为花大量时间建立关系、信任和对团队的广泛影响力是有意义的。那么，我们该怎么做呢？

罗伯特·齐亚迪尼提出了影响力的6个支柱。在这里，我按照对项目经理有用的程度将其依次列出：喜爱、社会认同、承诺或一致性、稀缺性、互惠和权威。我相信前3个或4个对我们来说是最有用也最可得的，尤其在项目开始时。我还要在该清单的顶部添加1个：树立榜样。在本章其余部分，我会更多地介绍如何树立榜样。当人们看到我们的行为方式与我们的价值观一致，并给了我们一种满足感和参与感时，他们也会这么做的！

树立榜样。我们将向周围的人展示项目的吸引力。

喜爱。在团队中寻找一两个盟友，这些盟友很受同事的欢迎和尊重。与他们建立联系。这是一边管理其他任务，一边建立影响力的好方法。

社会认同。类似于喜爱，但需要有足够多的人树立榜样。你要寻找更多人加入你的队伍。你将在整个故事中看到这一点。

承诺或一致性。它解释了为什么那些偏离轨道的项目仍然不会被取消。从本质上讲，这是在说："我已经承诺，我相信这一选择，并且我将按照这一选择行事。"当建立影响力优先于其他活动，且有限的时间更多地分配于此时，影响力一旦建立，就不难维持了。

稀缺性。"这个机会不常见——我应该尽力抓住它！"对于项目激励者来说，机会并不是说来就来的。我的经验是，当你想组建一支富有感恩心并积极进取的团队时（当然这并不是组织的常规要求），稀缺性的确会发挥作用。

互惠。"我会为你做些事情，因为你为我做了事情。"在项目开始时很难做到这一点，因为你的工具包中可能没有太多可以交换的东西。但是，随着项目的进展，这可能成为一种非常有用的影响方式。

权威。"比我更权威的人告诉我要这样做，所以我应该这样做。"由于缺乏权力，我们常常感到无法实现这一效果。但是，随着我们获得信任并表现出一致性和可信度，我们就会树立权威——不是那种来自等级制度和头衔的权威，而是那种建立在他人对管理者信任之上的权威。

麦琪在担任项目经理时已经敏锐地意识到，她的团队成员通常会对她给予的东西予以回报。当她信任他们时，他们就会信任她。相反，当她多疑、消极或士气低落时，她的团队也会如此。不仅是她，其他人也相互影响。当她尊重团队成员时，他们就对她表示尊重。当她不尊重他人时，她的团队也不尊重她。当她看到并承认周围人的价值时，他们就会做出良好回应。但是，当她专注于赤字和失败时，事情就不会按照她想要的方式进行，她周围的人也是如此。他们开始抱怨别人，相信不会有什么好事发生，并假设别人不会兑现承诺。她还了解到，当她先赢得一个人的心时，其他人就会加入。在第2章中，勒西是第一个对麦琪有好感的人，一旦她表现出好感，其他人也跟着这样做。这就是第二轮涟漪！

你能够为团队注入精力、热情和承诺。或者，你什么也不做，完全听天由命。更糟糕的是，如果没有采取建立积极影响力的策略，你甚至可能让团队分崩离析，浪费他们的精力，并失去热情和承诺。

这是你自己的选择！

如何树立榜样，产生最大的涟漪

我们大多数人都认为项目是为了改变。有些项目，如召开会议，乍一看似乎与改变无关，但会议的目的通常是更新或改变人们对事物的认识。无论哪种方式，都旨在改变感知、意识和学习。项目并不是每天做重复的工作。

改变很难，常常引起人们的猜忌和怀疑。改变的压力也很大，常常使人们（最需要获得我们帮助和支持的人）担心他们的个人前途。作为项目经理，我很多次听过这样的评论："这永远行不通——他们（无论他们是谁）以前尝试过类似的做法，这只会使情况变得更糟！"或者，当我们遇到障碍，并询问是否有一种新的或不同的方法来解决问题时，会被告知："这已经是最好的方法了。"或者，当我们问为什么用某种方式做某件事情时，会得到回答："因为我们一直用这种方式做啊。"

预期通常也是固化的，很难改变。

项目开始走上正轨后，你会发现固化预期的影响无处不在。用户第一次参与测试，发现某些功能无法正常应用，就会说："你看，这不行！这会使我的工作变得更烦琐。"

完成测试并部署好新的系统、流程或工具后，一旦出现某个故障，反对者就会跳出来和每个人说新系统行不通，原来的方法才是最好的方法。无论新系统是否有效，他们都不认可。

这是工作中的固化心态在作祟。这并非个例，反而很常见，也使项目变得比人们想象中的困难得多。

如何成为项目的激励者并改变这种状况？我们可以树立一种新预期，即改变和成长是可行的！

项目经理是专才还是通才

有一种观点是好的项目经理可以管理任何类型的项目。从理论上讲，项目管理技能是可以转换的，项目的环境并不重要。对支持这种观点的一些项目经理来说，世界看上去就像一个广阔而激动人心的舞台。而对其他人来说，项目经理似乎是标准化的，不需要专业知识。除了复制和粘贴，项目经理对其他事情都不擅长。另一种观点是，通才理论是不靠谱的。有效的项目经理需要内在的知识，即应了解项目所处的行业或其职能。

我承认自己多年来一直同意后者，因为我认为要成为有效的项目管理者，就需要具备内在知识。我称自己为一名金融服务项目经理。当被问及其他类型的项目时，我会耸耸肩说该领域不是我擅长的，所以我做不了。我想当我管理的不是金融服务项目时，就无法达到我的高标准要求，这样我就会受到团队成员和管理层的批评，也无法尽力表现。我从没有想过承担一个新角色，学习新事物，努力挑战及享受个人和职业上的成长与满足。我就像那些抗拒改变的人一样，有一种固化的思维模式。

当我看到教育、零售或建筑等行业中的项目管理角色时，我认为自己无法承担。曾经有一次，我考虑去申请一个教育机构中的项目管理职位。尽管具备项目管理经验是最重要的条件，但我相信是其他必需条件把我拒之门外了——我没有博士学位或研究经验，我没有去申请该职位。6个月后，该职位的招聘需求重新发布，因为他们没有找到具有"适当经验"的候选人。我不知道应聘者缺少哪部分经验，只想我原本可以将自己推销出去，担任该项目经理职务。

实际上，称自己为金融服务项目经理（好像所有金融服务项目都是一样的）也是非常幼稚的。在从事金融服务工作期间，我负责了多个项目，如：

1. 后台系统试点项目（我的项目管理能力经受了"火的洗礼"）。

2. 交易系统开发项目。

3. 银行合并期间的后台系统转换和集成项目。

4. 多个关键的硬件和软件升级项目。

5. 多个证券交易系统实施项目。

6. 多个监管报告系统项目。

7. 全球系统集成测试项目集。

8. 数据库开发项目。

这些项目涉及从交易员到会计、付款和合规结算团队的每个人。没有两个项目是相同的。我合作过的机构有两个是德国的，一个是法国的，一个是瑞士的，还有一个是英国的，而工作人员分布在加拿大、美国、德国、英国、瑞士、法国和印度。很明显，虽然在专业术语方面有些重叠，但如果说这些项目都是"同一类型的"，那我就是自欺欺人了。不过不管怎么说，我坚信项目经理必须是一名行业专家，我周围的人也有同样的看法。

现在，经过多年的项目管理，我改变了看法。我相信好的项目管理需要三个因素，分别是：一位优秀的项目经理；相信我们能够学习，需要这样做也愿意这样做；对自己和团队的价值观和动机有很好的理解。有了这些因素，任何有能力的项目经理都可以成功地管理任何类型的项目。可能并不是一开始就很顺利，或者在没有团队支持的情况下可能陷入困境，但是我们能够学习，所以可以管理任何项目。

如果你正在招聘项目经理，你该怎么办？也许你也相信优秀的项目经理可以学习管理任何项目，但是你为什么不寻找具有行业知识的人呢？在第1章中，我分享了PMI对项目和项目管理增长的预测——未来几年对项目经理的大量需求会导致由行业专家管理项目变得越来越困难。而且，变化加快意味着项目越来越不一样了，即使都是金融服务项目，每个项目也有所不同。最后，利用项目经理的学习能力意味着你可以从项目经理身上获得更多收益。他们会利用自己的能力挖掘新机会，也会以开放的胸襟和更高的期望开展项目，更会以成长心态管理你的项目。

各就各位、准备、成长

正如我在前面提到的，我相信成长心态是成为适应性强和高效的项目激励者的关键要素。但在我看来，还远不止于此。我们不仅需要培养自身的这种思维模式，还需要为团队树立榜样，并帮助他们发展，相信大家都可以进步。根据我的经验，当团队成员具有成长心态时，他们会变得更加好奇，很少互相指责。他们更多地关注如何从这里到达那里，很少关注谁会领着他们到达那里。

在当今的项目中，如果关注时间、成本和范围三重约束，就很容易形成"预防心态"。我们变得害怕失败、厌恶批评。与其寻找最具创造性的解决方案，不如选择故障和负面反馈（也称批评）风险最小化的途径。这种心态并非没有道理。组织文化让我们心存顾虑，担心一旦受到批评，就会错过升职或加薪的机会，甚至丢掉工作。但是，我们自己的团队可以隔离组织层面存在的以上问题。我们可以营造一种心理上安全的环境，鼓励进行试验并接受失败的潜在风险。

创造力和毅力——在容许失败的环境中工作

当我将团队分组，讨论成长心态时，我经常听到一种说法：在某些环境下，失败和试验是无法接受的，如在美国国家宇航局或医院里。尽管我理解这种说法，毕竟人命关天，但我仍然主张应该容忍失败。原因很简单：总会有失败，没有试验就没有进步。可悲的是，美国国家宇航局也会有重大失败（如挑战者号航天飞机爆炸）和许多没有达成预定目标的项目（如阿波罗13号事件）。医院的很多患者也死于可预防的疾病。事实上，仅在美国，据估计，每年在医院中因可预防的疾病而死亡的人数就超过25万。

那试验呢？

没有试验，就不会有太空飞行，我们的现代医学也将不复存在！

在这些环境中，正是首先接受了失败会发生这一事实，然后采取适当的流程报告，分析和避免失败，这才是最安全、最具创新性的做法。

例如，美国新泽西州的一家医院实施了一项流程，该流程不仅要求医务人员报告错误，还要求报告未遂事故。未遂事故可能是一次积极的经历，因为医务人员避免了不良后果，但这也是一个学习的机会——可以采取哪些步骤确保医务人员再也不会失败？如何避免失败？从中学到什么对未来有用？分析未遂事故有助于减少出错概率。

我们这些遭受固化心态困扰的人（在某些情况下我们都会这么做）否认了失败会发生的事实，也丧失了伴随失败而来的可以进行积极改变的机会。如果我们充满好奇，从失败中学习，则不仅会预防将来发生的失败，也会带来更为广泛的积极影响，还会带来比预想更多的收益。这时，涟漪效应就产生了！

创造力与敬业度的纽带

当团队成员感到安全时，他们更愿意尝试。他们更有能力合作，提出解决问题的创造性方法。当他们感到恐惧和焦虑时，注意力会减弱，推理能力会下降，视野也会缩小。负面环境会破坏创造力，导致团队成员合作进行头脑风暴的可能性降低。在固化心态盛行的环境中工作时，安全感和敬业度会降低。

当人们被鼓励做更多试验时；当失败被视为学习和改进的途径时；当人们满怀热情地迎接挑战，相信自己可以成长和进步时，积极向上的螺旋式上升就会出现，积极的情绪就会产生涟漪效应，能够拓宽人们的视野并提出新的解决方案，最终提出新的创见。积极性可以促进人们的联系和承诺，这也是敬业的本质。

还可以探索其他因素，如我们与生俱来的负面偏见——倾向于重视坏消息和负面经历，而忽视好消息和正面经历；我们与生俱来的确认偏见——倾向于重视支持我们当前观点的数据和证据，而忽视与该观点相矛盾的数据和证据。

两种偏见都有一定道理：负面偏见使我们的祖先不会被野生动物吃掉，而确认偏见则有助于我们有效地筛选每天、每分钟进入我们大脑的信息和数据。

成长心态可以帮助我们绕开这些固有思维方式造成的误区。

例如，将失败和批评视为学习机会能使我们对与当前观点相矛盾的数据更加包容；将努力和实践视为积极因素有助于我们克服永远不够好的感觉。我们不再把晋升无望或求职被拒视为职场道路的尽头。

具有成长心态的项目激励者会越来越好

25年的经验告诉我，尽管某些领域不太适合我，但总的来说，要兑现成为有效项目激励者的承诺，要做的就是学习和成长。例如，当第一次主持会议时，尽管我不了解项目计划的来龙去脉，但我可以快速学习、弄清楚它们，从而有效地支持重大活动的目标。尽管从高层级来说，我在所有项目中提供的服务几乎相同，但策划活动的细节与在国际投资银行运行软件的细节却大相径庭。我相信我可以学习和成长。我相信，"我虽然现在不知道，但是我可以学习"。

一些研究也支持我的观点。研究表明，那些相信能力一成不变的人会避免失败，在遇到障碍时更可能选择放弃。如果问题没有解决，他们也更可能责备他人。他们根据结果（如职务等级和头衔）衡量成功。

有成长心态的人相信自己可以学习和成长，更有可能克服障碍，通过进步衡量成功，并对自己的行动和结果承担责任。好消息是，这项研究还表明，我们都具备两种思维方式，关键是我们可以改变！

第3章 影响力——项目激励者最好的朋友

当开启人生时，我们就有成长心态。如果你不相信我，就把生活想象成一个蹒跚学步的孩子——我们尝试走路，随后摔倒，但我们会不断站起来，再次尝试，直到学会。幸运的是，在学步中，我们不会通过第一次尝试衡量自己。学说话也是如此。如果被摇摇晃晃的步子或发音错误的单词所左右，那么谁也学不会走路和说话。即使我能写本书，你也无法阅读！

如果你曾经说过"我做不了，我就这样"，这就是固化心态的表现。虽然当时可能是一时冲动所言，但也是固化心态。

如果你曾经说过"那还不是我做得最好的样子，我知道我下次能做得更好"，这才是成长心态的表现。

在一个项目中，可以确定的是：我们会遇到障碍；事情会出错；我们需要知道谁做了什么才能达成目标；我们需要别人完成任务，需要他们承担责任。

我们想让谁加入项目——一个会克服障碍的人，或者一个在他人无法完成任务时可以施以援手、帮助成功的人？我们需要对自己的行为和错误承担责任，还是归罪于别人？我们想成为谁？

培养成长心态的一种方法是回想自己已经接受的挑战，考虑一下你当时的做法。你是在第一关就放弃了，还是继续前进？你是独自挣扎，还是得到了他人的帮助？你是神奇地找到了克服困难的正确方法，还是反复试错，从错误和失败中学习，然后再次尝试？

麦琪讲述了一个自己运用成长心态的故事。

在某些会议中，麦琪发现一些人总在发言，而另一些人却沉默不语。当邀请沉默的人发言时，麦琪感到他们既不情愿，又很紧张。他们并非无话可说，而是犹豫不决。她不确定是她限制了大家，还是有其他原因。会议结束后，她与每个人进行了一对一交谈，她邀请沉默的人谈话。她试探地问了一些问题，好像也没能改变什么。她以为也许自己做得不对，不能改变现状。不过，她坚信，任何事情都可以改变和改善。

一次，同一群人在开会，会上重复上演着问题无法解决的过程。麦琪决定在讨论中增加些新元素。她以前领略过幽默是个好方法，因此决定尝试使用幽默。麦琪把手伸进购物袋，拿出一袋手指玩偶。这些玩偶是她从一家快要倒闭的玩具店里淘来的。

"房间里有一头大象，没人愿意说出它的名字。这些会有帮助吗？"她问。她把毛茸茸的玩偶放在桌上，拿起一个，开始抚摸它。

每个人都惊呆了。

"那有什么帮助？"欧文有点生气地问。其他团队成员欲笑又止。麦琪好像听到有人在窃窃私语"她好奇怪"，他们没有说其他负面的话，她松了一口气！

"研究表明，抚摸宠物可以降低血压，也可以释放压力。我不能将狗带入大楼，但也许这是更好的选择。"麦琪继续抚摸着她手上的玩偶。

她接着这个话题说："而且，它们非常适合传达信息！"麦琪用另一只手又拿起一个玩偶。她用右手的大象向左手的长颈鹿点头，说："还有一件事——你的项目不要占用我的资源！"

她说："它对我有用。"然后她将第二个玩偶放回桌子上。

克里斯蒂娜瞪着她。勒西给麦琪解了围，她拿起一个玩偶，然后将其套到手指上。当她谈论大家应该做的其他事情时，就将玩偶冲着人群。摆弄了一下，她停了下来，说："这种感觉好极了。我喜欢有个玩偶替我说话！"

注意：当团队认为麦琪的所作所为令人不舒服或很奇怪时，勒西经常出来给她解围。大家很喜欢勒西，也常常跟随她。尽早找到团队中的领头雁，

第3章　影响力——项目激励者最好的朋友

并与他们一起工作真是太好了！

在这个时候，玩偶打了圆场。突然，亚历克斯也拿起一个熊猫玩偶，套在手指上，并把它冲着克里斯蒂娜，说："有时候，好像除了你的想法，任何人的想法都不管用！"

克里斯蒂娜一脸震惊，麦琪不知道接下来会发生什么。这时，克里斯蒂娜也抓起一个驴玩偶，将其套在手指上，然后开始用驴玩偶冲着亚历克斯的熊猫玩偶讲话，他们开始热烈地交流。麦琪在想，她是否应该打断大家。可是，在她还没决定该做什么之前，大家已经安静下来，开始研究更好的方法了。团队最后将想法交给了克里斯蒂娜（参阅第6章）。再看玩偶们，都已被放回了桌子上。

房间中的其他人开始对玩偶产生了好感，询问是否可以将它们放在手边。因为担心传播细菌，欧文问如何保持玩偶清洁，麦琪答应每个周末将玩偶带回家清洗。从那时起，麦琪经常看到团队成员用玩偶来解释事情。一位团队成员甚至用狗玩偶做了演讲。他说这么做可以帮助他克服演讲中的紧张！

当然，并不是每个人都喜欢玩偶。但对某些人来说，它们确实很有帮助。同样，并非所有人都会感到自信。在会议中运用诸如玩偶之类的东西，有助于找到一些创造性的方法来解决团队中的冲突。

可以考虑的方法是邀请每个人在纸条上匿名写下他们担心的问题，然后将纸条折叠起来，放入一个碗中。匿名问题被一一读出，大家针对这些问题进行讨论。麦琪在另一个项目中运用的方法是制作一张"评论和关注表"并订在信息墙上。大家将便利贴粘在表上。这些便利贴上写的问题会在下次会议上解决。

成长心态是有效的！有时，它需要勇敢和坚定。但是，有成长心态的人相信，只要专注和努力，就可以走得很远。

你相信什么呢？

欣赏

2005年，有人首次提出了从性格优势角度处理问题的思路，这个思路也构成了本书的基础。被称为"欣赏式探询"的做法不是通过弥补差距和缺陷，而是通过寻找积极因素的方式解决问题。从积极的一面开始，可以建立敬业度和热情，反过来又可以促使我们更富创造力和创新性。我们应从一个坚实的起点开始构建，而不是去破坏它。

欣赏式探询的关键点是"生成性"（Generative）思维，它是在探索什么有效的过程中诞生的，其结果是通过新思想和新行动实现转型。积极心理学已经表明，从积极的角度出发可以扩展想象力，让我们接受新想法，激发创造力。欣赏式探询是一种实现新想法和新行动目标的结构化方法。站在积极角度，拥抱变革，你就可以改变自己和团队的体验。

该方法结合了欣赏、评价和认可个人或系统中好的一面，以及以开放且有趣的方式进行询问的思想，以便从该起点延伸并实现成长。对我来说，这是开采金矿，不应将重点放在金矿周围的岩石和泥浆上，这些岩石和泥浆可以稍后清理。

在本书中，我们从积极面开始，对其识别和评估。同时，我们关注积极面，不局限于团队成员和项目干系人。这并不是说解决问题没有任何价值或必要性，而是令该方法与其他方法并存。采取以性格优势为中心的"积极"方法有很多益处。它刺激大脑增加开放性和创造力，并使人们感到有价值、有动力采取新的措施。

不要怀疑，这些做法都对你有帮助。作为项目经理，你或与你合作的人是否用过SWOT分析法？面对一个情景，运用SWOT分析法时要考虑以下因素：

- 我们有什么优势（Strength）？
- 我们有什么劣势（Weakness）？
- 我们有什么机会（Opportunity）？
- 我们有什么威胁（Threat）？

从表面上看，我们会认为在积极方面（优势和机会）和消极方面（劣势和威胁）所花费的时间是等同的。

以我的个人经验，大家的重点往往放在消极方面，忽略了积极方面。会议很快便会聚焦于哪里出了问题和哪里会失败。我此前说过，紧盯消极因素是有助于人类生存的自然反应。但是，当我们需要发挥创造力并接受新创意时，紧盯消极因素就不好了。为了生存，我们需要有应对消极因素的意识，但要实现蓬勃发展，就需要弘扬积极因素。

你在职场中有哪些经验呢？

我相信，关注团队成员与项目干系人的价值观和驱动力就是团队中欣赏和欣赏式探询的关键形式。真正关注他们就是真正欣赏他们。理解他们的感受很重要。看到他们的核心特质，以及他们天生的优势，确定我们如何才能最好地与他们接触，如何以一种能发挥其最佳一面的方式对待他们，等等。这些都是应用"白金法则"切实可行的方法。

欣赏并树立榜样是成为项目激励者的关键。这也是接下来几章的重点。当你欣赏别人时，别人也会欣赏你！这样一来，你就会在工作中产生更大的影响力。

量身定做

1. 你如何影响他人？你的"涟漪效应"是什么？

2. 你什么时候向周围的人传播了积极的情绪？是如何发生的？

3. 你什么时候有过负面情绪？为什么？是怎么表现的？

4. 在有机会尝试一些对你来说有趣的新事物时，你却拒绝了，说"那不是我擅长的事情"或"这种事情我不拿手"，这时应该采取哪些步骤来学习成长心态呢？

5. 回想一下你曾经直面挑战的时刻。尽管开始时你觉得自己不够聪明或技术不佳，但你后来是如何克服不愿尝试的情绪的呢？

6. 想一想你尝试过的一件失败之事。你从那次经历中学到了什么？

成功策略

满怀希望　规范自己的言行，以身作则，为团队带来希望。

保持坚强　选择一种性格优势帮助团队。

勇敢前进　即使很难做到或遭到同事反对，也要鼓励团队的积极行为。

充满好奇　复盘你在团队成员身边所说的话。它传达了什么？聆听其他人对固化心态的看法，并询问进行变革需要学习哪些方法或工具。

第 4 章

建立欣赏文化

我们不仅要欣赏周围的人，还要将我们的欣赏表现出来。

学习重点

1 / 了解什么是性格优势，以及为什么它们很重要。

2 / 认识自身的性格优势。

3 / 发现他人的性格优势。

4 / 了解性格优势组合如何支持我们的工作。

参与的核心：欣赏

我在前文中提到了性格优势，它是我在团队中建立欣赏和认同感的首选工具。一名项目经理曾问我，为什么我专注于性格优势而不是其他工具。我的理由是：对性格优势的理解为项目经理提供了一种直接的、简单易用的方法，让项目经理变得敬业，以及让团队变得敬业。性格优势有24种，是积极心理学的支柱。我们都在某种程度上拥有这些优势，这些优势在很多情景中都被研究过，也都有据可查。它们帮助每个人善待自己和身边的人，包容彼此，将彼此视为一个整体，并欣赏彼此的相同点和不同点。

研究表明，意识到自身性格优势的员工成功的概率是其他人的9.5倍，意识到自身性格优势并在工作中运用的员工成功的概率是其他人的18.5倍！那些善用性格优势的人拥有更多幸福感。最重要的是，研究表明，管理者对员工性格优势的支持，预示着性格优势的增加，从而提高员工的敬业度。

这对我们而言非常重要！

我们可以影响团队，运用他们的性格优势，并让自己参与更多，体验更好。在此过程中，团队成员得到了发展，我们的领导力也更强了。第2章的故事讲述了性格优势，本章将继续讲述这个故事，并向你介绍如何欣赏自身的性格优势及如何发现他人的性格优势。

在团队中建立欣赏文化

项目经理小组每日会议制度已经建立，固定的参加者有：艾普莉；马克——新上任的项目经理；杰克逊——长期任职的项目经理之一；克里斯蒂娜——设计团队负责人；本——质量保证团队负责人，当然还有麦琪。大家探讨的话题之一是如何欣赏他人及如何将这种欣赏表现出来。项目团队实施了表彰计划，表彰那些在项目中成绩突出的人。项目经理小组对如何促进团队成员之间的理解和欣赏很有兴趣，麦琪很高兴听到这个消息。她立即想到了性格优势，但在介绍该主题之前，她希望从小组中听到更多意见。

艾普莉问："麦琪，你过去是如何欣赏团队的？是通过团队建设活动，还是通过其他更重要的事？"

在麦琪回答之前，小组成员就开始讨论了。他们认为，团队需要每天都可用而不是做了一次就会忘记的方法。他们还想找到一种方法，让整个团队都参与进来，无论他们身处何方。

马克说："我喜欢调查和评估。能够为团队提供评估是件很棒的事，也是真正有价值的事。我们都可以接受它，并以某种方式分享结果。但是，预算很难获得，大家也可能不会因为我们说了就这么做！"

杰克逊说："我也喜欢评估，但评估费用的确很高，对于其中的一些评估，你需要某种认证才能运用它们。"

本问："麦琪，你有何建议？你以前做过这样的事情吧？"

麦琪再次感到很开心，一部分因为她确实有一个建议，另一部分因为她感到自己开始对团队产生某种影响。

她回答："过去我用过性格评估。我很喜欢VIA性格优势协会的工具。当然，还有其他工具。"

"你为什么喜欢它？"杰克逊问。

麦琪说："我喜欢性格评估，因为它是基于证据和研究结果的，也是在线的，整个团队都可以在任何地方参加；它运用便捷且非常容易理解，也无须任何人获得认证或经过培训；它聚焦于积极面，只关注有效方面，而不是问题；它有多种语言模式，这对海外团队非常重要；它是跨文化的和普适性的，没有国家偏见。况且，基础级评估是免费的！"

麦琪接着介绍了她过去如何运用性格优势，以及每天如何尽可能多地发现每个人身上的性格优势。小组中的一些人开始点头称赞。克里斯蒂娜对此不置可否，她说："我不确定团队对开展这项评估是否接受。但是，如果这是你用来使团队敬业并充满活力的工具，那么，我至少想更多地了解一些。"

本补充说："是的，我不确定这能为整个团队带来什么。我们为什么要这么做？"

麦琪想得很周到。她以前曾遭受过质疑，尤其在与那些已经感到不被赏识、工作过度的团队合作时。有些人对评估总体上持怀疑态度，这可能因为许多人似乎仍然盯着"改善领域"和缺点。

"是这样的，"她说，"以我的经验，哪怕只是少数人知道性格优势，也会有所不同。不如我们先试一下，看看结果，看看我们可以学到什么。如果决定不运用这种方法，也可以寻找其他方法。"

经过进一步讨论，小组同意几天之后就进行评估，并在下周初分享他们的结果。麦琪提出，她会将结果用表格汇总在一起。

通过性格优势亲身体验欣赏

在参与了评估后，每个人都与麦琪分享了自己最大的性格优势（称为显著优势）。他们同意从排名前5位的优势开始，因为这些既是个人的核心优势，又是容易被他人看到的优势。

评估结果如表4.1所示。

表 4.1　小组显著优势

姓名	优势 1	优势 2	优势 3	优势 4	优势 5
克里斯蒂娜	判断力	创造力	善良	好奇心	热情
马克	领导力	希望	毅力	好学	社交智能
杰克逊	好奇心	爱	审慎	判断力	灵性

续表

姓名	优势 1	优势 2	优势 3	优势 4	优势 5
艾普莉	欣赏美和卓越	勇敢	好奇心	公平	感恩
麦琪	公平	感恩	希望	好学	判断力
本	希望	审慎	好学	团队合作	诚实

表4.2是VIA性格优势协会关于美德和性格优势的定义，按照美德将24种性格优势分类。每种美德都有许多与之对应的优势。将这些优势总结为美德，是性格优势研究的一部分。为了一目了然，麦琪在表4.2中统计了项目经理小组中具有的显著优势的情况。

表 4.2　VIA 性格优势协会关于美德和性格优势的定义

美德：智慧 （搜集信息和运用知识的优势）	人数
创造力：运用原创、灵活、独特的方式看问题和做事情	1
好奇心：充满兴趣，尝试、探索和体验新事物	3
判断力/批判性思维：从各个角度进行思考，不草率下结论	3
好学：对掌握新技能、获取信息和知识充满兴趣	3
洞察力：提供明智的建议，具有大局观	
美德：勇气 （锻炼意志和面对逆境的优势）	
勇敢：具有豪迈气概，无惧威胁和挑战，为正义发声	1
毅力：坚持不懈，克服困难，有始有终	1
诚实：直面自己，真诚、坦率、正直	1
热情：用活力、激情和热忱面对生活，全心全意做事	1
美德：仁慈 （处理一对一人际关系的优势）	
爱：爱他人，也被爱，与他人保持紧密的关系，真挚而温和	1
善良：帮助、爱护和关心他人，慷慨、无私、富有同情心	1
社交智能：情商高，知晓自己和他人的动机与感受，了解他人的想法	1
美德：公正 （处理社区或团体人际关系的优势）	

续表

团队合作：成为一名好成员，忠诚并承担责任，为集体做出贡献	1
公平：对所有人能够做到一视同仁；不因个人情感而有所偏倚；给每个人公平的机会	2
领导力：组织团队完成任务，积极引导他人	1
美德：节制 **（管理习惯和防止放纵的优势）**	
宽恕：宽宏大量，接受他人的不足并给予第二次机会，受委屈后释然 谦逊：谦虚，用成就说话 审慎：谨慎决策，小心行事，不做太过冒险的行动 自我规范：自我管理，遵守纪律，能够控制自己的冲动、情绪和不当行为	2
美德：超越 **（提供人生意义并联结更广大的世界的优势）**	
欣赏美和卓越：体验对美的敬畏和惊叹，欣赏他人的卓越，并以此提升自己	1
感恩：感激生活中的美好，表达谢意，感到幸福	2
希望：乐观、积极、面向未来，期待最好的结果并努力实现目标	3
幽默：给他人带来欢笑和快乐，乐观，看到积极的一面	
灵性：对生活的意义和目标具有清晰的信仰，用崇高的信念塑造自己的行为	1

小组重新开会时，麦琪分享了两个表格，并邀请大家发表意见。

克里斯蒂娜说，她喜欢在线评估方式，填写快速并容易，评估结果也很浅显易懂。她说："和以往的其他评估一样，不需要任何特殊知识来理解评估结果。"

本笑了，他说："审慎和团队合作（如他建议每个人都讲笑话）不出所料是我的显著优势，但我并不知道希望排名这么靠前。"

克里斯蒂娜马上接过话茬："你在开玩笑吗？你是我认识的人中最充满希望的了。很多时候，我都想放弃了，而你却让我感觉可以把事做成！"

本高兴地笑了，低声说了句"谢谢"。

麦琪就如何运用结果提出了一些基本建议。她说："我想说的是我们每个人都有24种优势。我只列出前5种是有原因的。研究表明，利用排名靠前的优势，而不是排名靠后的优势，可以让我们更有收获。通常，我们能够切身感受到这些显著优势，也会在任意情景下运用它们。虽然我只列出了前5种，但你可能会有更多或更少的显著优势。在团队刚开始开展这项工作（如果我们觉得要这么做）时，大家分享自己的前5种优势，既容易做到，也能够坚持。"

随后，麦琪听取了更多反馈和问题。

克里斯蒂娜说："我很喜欢这项评估。当我拿到评估结果时，第一眼就是看我排名最靠后的优势。我不介意分享给大家，我排名最靠后的优势是自我规范、灵性和谦逊。"

麦琪说："事实上，这种结果很普遍。在世界各地开展的评估中，大多数国家的自我规范和灵性都排在20名以后！因此，你不要为此感到难过。"

克里斯蒂娜看上去松了一口气，马克和本也感觉好多了，因为这些性格优势在他们的结果中也排名靠后。杰克逊很高兴地发现，在灵性这一优势中，他和大家有所不同。

他说："我认为灵性是与所有人和所有事之间的联系。对我来说，这没有涉及宗教层面。这就是为什么让团队紧密联系和互相欣赏的做法对我很重要。这是大家共同追求的目的和意义。"

接着，艾普莉追问下一步该怎么办。

麦琪提出了一些建议。她说，在性格优势方面，第一件事就是真正认识到自己的优势并练习运用它们。她向团队介绍了在第一天就能运用的性格优势训练。要体会并应用所有24种优势，的确需要一个过程。在结束当天的工作之前，她回顾了所有优势，并与其他人一起思考如何运用它们。

第二天一早，她在首次介绍会上分享了一些具体的例子。

欣赏美和卓越：注重团队中每个人的潜力，挖掘他们身上的闪光点，每发现一次，就对其进行赞许。

勇敢：能够代表团队发言，懂得示弱，向团队中的其他人寻求帮助，而不是表现得无所不知。

创造力：对他人的建议持开放态度，促进创意生成和发展，而不是打击创意。

好奇心：始终希望更多地了解项目和团队成员。

公平：每个人都在为团队创造价值，因此要一视同仁。要知道资历并不是衡量创意价值的标准。

宽恕：当别人伤害了你时，不必得理不饶人。

感恩：感谢在团队协作过程中取得的每个成就。

诚实：勇于运用该优势，适当示弱，并持开放态度。

希望：坚信团队一定会成功，并树立榜样。

谦逊：接受最好的创意来自他人这一事实，并欢迎他人提出创意。

幽默：不要对任何事情都一本正经，乐观地寻找机遇。

判断力/批判性思维：平衡谦逊与领导力，在得出结论之前寻找证据并权衡。

善良：与公平相结合，在团队成员获得成功的路上提供各种支持。要把团队成员当作"完整的人"，而不是"干活的人"。

领导力：组织团队成员并引领他们前进。在谦逊和意愿之间取得平衡，运用判断力把握好这个平衡。

爱：建立与他人之间的紧密关系，并紧紧依靠这些关系。

好学：即使事情出了差错，也将其视为学习机会。

毅力：即使在困难的时候，也能坚持下去。

洞察力：与团队一起研究细节的同时，也密切关注项目的总体目标，即将细节与项目整体联系起来。

审慎：制订能让团队参与的计划或策略，不要闭门造车。将该优势与创造力相结合，以保持灵活性，不要拘泥于某一方法。

自我规范：行事稳妥，退后一步仔细观察，抑制自己草率行事的冲动。同时，抑制为自己辩护或自我推销的冲动，适当示弱并保持诚实。

社交智能：关注他人的提示和信号，以确保他人感到被关注和包容。公开接受他们的建议和想法。

灵性：与团队建立联系并有全局观。

团队合作：除了项目团队，与更多的干系人合作，包括门卫、厨师和保安人员，深入了解每位团队成员。

热情：做任何事情都充满热情和活力！

麦琪还分享了一些研究成果。这些研究表明，专注于自己的显著优势，每天认真地运用它们，是保持活力和全身心投入的好方法。麦琪还建议小组一起寻找彼此的优势，当然，前提是他们愿意这样做。

马克看上去很担心："我害怕说出别人的优势。如果我弄错了怎么办？他们会认为受到了侮辱，或者会认为我很蠢。"

麦琪点了点头，说："我理解你的意思。但是用这种方式是不会出错的，也不可能会侮辱他人！理由是，我们并不是一次只运用一种性格优势，而是运用多种优势。因此，你有可能发现更多优势。况且，这些优势都是正面的，因此没有人会因为别人指出他的一种性格优势而感到被冒犯。来看下24

种性格优势清单，这其中是否有你不愿意有的性格优势呢？"

所有人都摇摇头。

"马克，你能举一个例子吗？"她问。

马克说："当然可以。"

"行，"麦琪说，"告诉我们一个关于你何时处于最佳状态的例子，我们看看能发现什么性格优势。可以吗？"

"我想可以吧。"马克有些犹豫。

"我发现了一个。"麦琪提高了音量，"虽然你对我的建议有点不太适应，但是你会尝试一下。这就是勇敢！"

马克笑着说："勇敢并不是我最明显的性格优势。但是你说得没错，被别人称赞勇敢，感觉的确很好。好吧，我讲一个我发挥最出色的故事。"

麦琪看了看其他人，说："请你们把优势清单拿出来，在马克讲述他的故事时，看看你能发现他身上的哪些优势。这里有记号笔，你们可以用它在清单上做标记。"

"这是发生在去年夏天的事，"马克娓娓道来，"我和几个朋友想一起去约塞米蒂国家公园旅行。我们需要确认日期、同行的人，获取航班、租车、住宿等费用信息。因为我是一名项目经理，所以他们认为我会统筹所有事情。我召集所有人开会，让大家列出要完成的所有任务，讨论每项任务的负责人，以及何时将这些信息通知大家，并确定了会议日期，以便做出最终决策。我设置了自动提醒功能，提醒大家要做的事情。我将实时更新，并用电子邮件将最新进展发送给大家。我们提前安排了决策会议。在约定的日期，大家聚在一起，每个人都完成了自己的任务，这真令人惊讶。我们很开心地将所有事项放在一起，并在日历上设置行程安排，这么做让大家感到既兴奋又充满活力。一位朋友说他到发薪日才有钱,让我用信用卡帮他先预订,他有钱后再还我。我得到了所有详细信息,并根据我们在电话会议上讨论的信息预订了机票、酒店,并租了车。为了给大家带来惊喜,我出资安排了为期2天的山地自行车骑行活动。大家都很活跃,也喜欢运动,所以我认为这个活动会很有趣。这次旅行还包括在帐篷里住一晚。在这5天的探险和旅行中,大家都很开心。"他微笑着讲完故事后,还沉浸在美好的回忆中。

"好的,"麦琪说,"大家都发现了什么?"

大家停顿了一下,开始仔细阅读他们手中的性格优势清单。

"我先说吧!"杰克逊说,"我发现了领导力——他将大家组织起来,发挥每个人的作用。还有团队合作——他让大家共同分担任务,而不是一人独揽。我还发现了创造力——那个住帐篷的创意很棒。"

艾普莉说:"我发现了善良——他垫钱给朋友订票,还为每个人安排了惊喜之旅,满足了大家运动和冒险的需要。"

克里斯蒂娜说:"我发现了勇敢——我肯定不会和一伙人在帐篷里住一晚,那是肯定的!"大家都笑了起来。

她补充说:"我还发现了爱——在工作中可以这样说吗?会有点怪怪的吧?但他显然很享受和朋友们在一起的时光。我还发现了判断力——组织整个小组收集信息,并共同做出了有关旅行安排的决策。此外,正如杰克逊所说,这也需要团队合作。"

麦琪示意大家暂停一下,她问马克在想什么。"他们发现你不具备的优势了吗?"麦琪问。

马克仔细想了下,然后回答:"他们看到了我认为自己并不具备的优势。但是,当我听到他们说出来并举出事例时,我不得不承认听上去好像有那么回事儿。"

"那你感觉如何呢？"麦琪问。

"嗯，感觉很好啊！"马克大声说，"我觉得大家真正看到了我所做的事情，并欣赏我为这次旅行想出来的点子和付出的努力。"

"你对克里斯蒂娜爱的评价怎么看？人们通常难以在家庭之外表达爱意。"

"感觉很好啊。"马克回答，"我爱我的朋友们。他们对我来说真的很重要，我珍惜与他们在一起的时光。当然，这种爱与我给女友或妈妈的爱是不一样的。不过，克里斯蒂娜说她在我的故事中听到爱时，我真的感觉很好。"

小组接着讨论了他们准备用性格优势做些什么。最后他们决定，将努力发掘彼此的优势。在日常会议上，小组将花几分钟时间提供反馈。

艾普莉和本说，他们想每天尝试运用性格优势清单中的全部优势，然后思考如何运用它们。本说他每天早上都会冥想，他会将这些优势内容作为冥想的一部分。

克里斯蒂娜说，她宁可专注于自己的显著优势。她感觉这些优势非常真实，因此将尽可能用不同的方式运用这些优势。杰克逊和马克也想这么做。

会议结束时，下班铃声响了。麦琪很高兴！她为大家做出的努力和迸发的能量而感到自豪。

性格优势指南

尽管多年来我与团队一起尝试运用了许多团队建设工具和技术，但性格优势一直是投资回报率最高的工具。在要求团队进行评估之前，我发现了解自己的性格优势是非常有价值的，并且随着自己发现优势的能力提升，你可以唤起人们对团队成员甚至管理人员的性格优势的关注。当你识别了他人的优势时，这些人就会感到被关注和欣赏。你也会看到他们眼睛里闪烁着光芒。

通过运用性格优势知识，我们可以在团队中建立更有效的协作，并且可以避免无益的冲突，化解以前的困境。当我们期望加快解决问题的速度或确保测试彻底而完整时，就可以运用性格优势。认识性格优势有助于团队成员将彼此视为独特的个体，而不只是团队中的职能角色。性格优势是安全、有趣和具有启发性的，没有比它更神奇的组合了。

了解性格优势

我认为，性格优势在团队中有几个宝贵的特点。

- 性格优势体现了广泛的积极价值观。

- 性格优势体现了我们的相同点和不同点。

- 性格优势超越文化、宗教和语言。实际上，性格优势有助于建设团队文化。

- 性格优势专注于我们必须具备的优势，而不是我们需要解决的问题。

- 性格优势有助于我们更好地认识和了解彼此，更好地生活和公平合作，也有助于建设团队文化。

- 性格优势可以增强我们的才干和技能。

在这里，我不想花太多时间探讨VIA性格优势的历史。可以说，马丁·塞利格曼在担任美国心理学协会主席一职时，就引起了人们对研究"何为正确"的关注，而不仅仅研究"何为错误"。21世纪初，为了构建该领域的基础，梅森基金会（Mayerson Foundation）委托塞利格曼和彼得森研究性格优势这一概念。两位心理学家及其他五十五名相关领域的专家探索并评估了不仅被某一宗教或文化所重视，而且被全世界普遍认可和重视的特质。这些特质或优势不能被分解为更小的组成部分。这些概念在一些英雄身上得到了体现，从而更容易被人们普遍认可。

在日常生活中运用性格优势

当我们看到排名较靠后的优势时，会觉得它们更有吸引力。在本章前面，克里斯蒂娜的反应已证明了这种趋向，即重视排名靠后的性格优势。在美国，人们生活在赤字文化中，自然会被那些排名最靠后的东西吸引。作为项目经理，我希望可以改变这种状况。在第5章，你将更加清楚地看到，即使运用少数几个优势，也能大有裨益。正如蛋糕只需少许盐一样，在我们需要时，也可以运用排名靠后的优势。

认知你的性格优势

通常可以通过三个阶段利用性格优势。第一个阶段是认知自己的优势，明白对自己而言，哪些是最显著的优势，哪些优势会在你所处的情境中发挥作用，哪些优势具有挑战性。请随时准备好进行优势评估，用一整天时间练习寻找显著优势，并注意显著优势会在何时何地出现。这些优势都是你的强项，也会让你充满活力、敬业并富有成效。

如果你对显著优势的第一反应是负面的，或者你认为这些优势不正确，也不要感到惊讶。评估有时会出些差错，因为一些原因会导致清单中的显著优势不够准确。

第一个原因是我们有时会感到失望。阅读了所有24种性格优势的说明后，我们希望自己很热情或社交智能很高。结果，我们发现居于榜首的优势却是审慎、判断力、好学和善良，这多少会让我们有些沮丧。但拥有这些显著优势的人应该感到自豪和幸福才对，因为这些是很棒的优势啊！

现在到了提醒自己的时候了。在某种程度上，所有性格优势中没有"坏"的优势。如果真想给自己增加一两个优势，就可以通过学习培养这些优势。当勒西接受性格优势评估时，她震惊地发现，爱排在优势清单后面，而她的显著优势就是她认为的务实优势，如判断力、毅力和勇敢。一开始，她对结果提出了异议，称爱应该是她最突出的优势。针对她的沮丧，麦琪和她进行了讨论，最终勒西同意将优势清单随身携带，查看自己一整天都表现了哪些优势。她持续跟踪几天，然后重新评估。当重新评估时，她说她一直在跟踪自己的工作，并意识到她对周围的人一直比较警惕。她也意识到，即使她知道拥有一个强大的朋友和家人关系网的价值，也未能在工作中建立这个网络。她还认识到，当需要做一些具体的事情时，她通常是一个说干就干的人，她认为这么做很好。还记得在第2章中，她和欧文拿起笔在白板上写下积极因素的清单吗？她还征询了团队意见，确认他们是否清楚地看到了她所做的一切体现的显著优势。有了这种新的自我意识，她决定更加注重人际关系，并加强自己爱的性格优势。她笑着说："我会坚持不懈，直到更多地感受到爱这一性格优势的力量。"这个例子很好地说明了如何运用显著优势来强化较弱优势。

我们未能认知自己显著优势的第二个原因是，它们如此自然而然，以至于我们根本不认为它们是优势。我们可以假设每个人都拥有它们，每天都伴随我们的生活。米兰达惊讶地发现欣赏美和卓越是自己的显著优势。更令她震惊的是，并不是每个人都会欣赏日落、满月、四季变化、新鲜的沙拉或一位技艺精湛的演奏家的表演。

同样，艾普莉的显著优势清单里也有欣赏美和卓越。这让她回想起与朋友散步的一天。她对朋友（欣赏美和卓越排在第17位）说："这景色不美吗？"她的眼神中充满了惊叹。可是，她的朋友转过身来对她说："我并不觉得美啊，那只是些树木而已。"

第三个原因是，我们有时对如何体现性格优势有先入为主的观念。如欣赏美和卓越优势，在这些例子中，十之八九与自然、艺术和音乐有关。但是，也可以欣赏发明者或工匠在建造房屋时表现的精湛技艺，或者护士对病人的奉献精神。如果有个优势让你感到惊讶，就看看你对这一优势的理解是否与定义不同。

例如，勇敢这一性格优势会让人觉得有些诡异，因为他们没有在公共场合的英勇行为，如从燃烧的房子中救出人来。然而，如果他们有社交焦虑，仍然能站起来说话，就是勇敢。如果他们怕蜘蛛，却能挺身而出帮助一个比他们更怕蜘蛛的亲人，也是勇敢。

探索你的性格优势

第二个阶段是探索优势，将性格优势清单与你的行为、互动和体验生活的方式联系起来。

如前所述，我们习惯性地将我们每天都在运用的优势定义为显著优势。我们通常在任何场合都运用这些优势，它们让人感到自然、轻松和充满活力。

另一类优势是阶段性优势或情境性优势，也就是那些并非在任何情况下都能自然而然表现的优势。但是，当我们需要的时候，它们就会表现出来。在某些情况下，这些优势可能非常自然地出现。

情境与这些优势有很大的关联。即使排名非常靠后的优势也可以是阶段性优势。一个好例子是自我规范。对大多数人来说，这个优势的排名都很低，但在我们需要的时候，都要运用该优势来完成工作，如当我们不想起床但必须要起的时候；当我们要开车却想喝一杯酒的时候；当我们想坐下来看电视却要去学校开家长会的时候。

在继续往下讲之前，先给大家几个提示。

首先，所有人或多或少都有自己的性格优势，这点我再怎么强调也不为过。甚至，有时你排名最靠后的优势也会让你感觉良好。

其次，所有性格优势都是正面的。没有最理想的组合，也没有比其他组合更好的特殊组合。不像做蛋糕时需要特定的配方，性格优势组合意味着我们可以按自己喜欢的方式进行组合。如果我们深思熟虑地运用性格优势，就可以做出我们想要的"蛋糕"！

当你查看自己的评估结果时，该结果会对你产生何种影响？你是否发觉每天都在运用显著优势？你是否有其他显著优势，它们让你感到自然并感觉良好？

如果可以的话，请列出你自己的显著性格优势，并记下每天运用这些优势的方式。一个有趣的活动是经常征询身边的人，每天询问他们看到了你身上的哪些性格优势。在这个非正式的360度评估中，看看他们和你自己发现的性格优势是否一致，然后对比他们的评估清单与你自己的评估清单。

找一个你钦佩的人，看看你在他身上可以看到哪些性格优势。是否你也有与之相同的优势？是否因为他表现了一些你难以企及的优势，所以你才钦佩他？

对接受评估的人来说，刚开始漏掉一两种显著优势并不罕见。通常，这是因为他们下意识地运用了这些优势，以至于他们几乎没有意识到这些优势的存在。有一种好方法可以找出你的显著优势，就是每天思考，记录有关你的活动和与他人互动的一些做法。然后重新审视记录，看看在不同的情境下（家庭和工作，忙碌时、休闲时、工作时、玩乐时、做琐碎的事情时及真正专注地做一件事时）有哪些常见的优势出现。

对我来说，我的显著优势始终是好奇心。不管我在哪里或在做什么，我总是充满好奇！一次，我在脚部手术中醒来，一点也不惊慌失措，反而问医生："你手术都干了什么？"我的下一个问题是："我可以看看手术部位吗？"外科医生可不像我那么冷静！他的审慎促使他快速给我注射了更多的麻醉剂——然而，他在判断力和善良之间取得了平衡，评估了形势，确实让我看了。

性格优势让你走得更远

对性格优势的进一步探索有助于你从理论上将它们转化为可以根据自身需要思考和应用的工具。

思考如何发挥自身优势的一个方法是在自己处于最佳状态时思考。记下那些时刻，然后查看你的记录，从而发现有哪些性格优势，这么做非常有用。另一个方法是听别人讲故事，并从中发现自己的优势。

当你开始从别人讲述的故事中识别他的性格优势时，你将更容易认识到自身的性格优势。你可以随时随地这么做。这也是你在会议上保持专注的好方法。记录你发现的优势，并在会议结束后勇敢地和别人说，表达你的赞美之情。看看你能得到什么回应！

与家人或朋友一起探索性格优势也是一件很棒的事。在他们讲述想法和行动时，你仔细聆听，看看他们有哪些性格优势。

培养你的性格优势

第三个阶段是培养优势。我们将在下一章中更详细地介绍。无论这些性格优势在你的优势清单中排名如何，你都有方法培养它们。作为项目经理，你最大的优势是什么？在第1章中，我虽然强调了希望和好学及审慎和欣赏，但是并没有给出项目经理所有必备性格优势的处方。在第5章中，我们将进一步探讨这个问题，并介绍其他一些可以运用性格优势知识了解自己和团队的方法。

量身定做

1. 记录你在白天运用的性格优势。

2. 观察你的团队成员、朋友和家人,看看他们有什么性格优势。

3. 询问认识你的人,他们看到了你的哪些性格优势。非正式的360度评估既有趣又有用。将性格优势清单分发给几个人,看看他们在你身上发现了什么性格优势,然后对比他们的评估结果与你的自我评估结果。

成功策略

满怀希望　每天思考如何运用性格优势,然后记录你的选择产生的影响。

保持坚强　充分了解自己的性格优势。

勇敢前进　记录别人的性格优势,然后告知你对他的观察结果。如果别人告诉你,他看到了你的性格优势,我想你不会拒绝吧。

充满好奇　分享你的观察结果,然后寻找不同的方式与他人交流他们的性格优势。

第 5 章

在项目干系人和项目团队中建立欣赏文化

> 与看到自己的性格优势相比,看到别人的性格优势会更容易些。

学习重点

1 / 理解发现性格优势如何帮助项目经理更敬业。

2 / 理解如何在工作中运用性格优势。

3 / 探索能够让整个团队参与并认识、欣赏、运用性格优势的各种方法。

项目管理和领导力

运用性格优势的优点之一是你能够处处发现优势。在初步探讨并了解了基本概念之后，每个人都可以轻松地开始应用它们。通常，知道自身性格优势的人并不需要太多时间就可以看到并认可他人的优势，积极性和联系感也会即刻加强。

麦琪的团队具备这些经验。在第4章中，会议后的几天，大家对性格优势方法的反馈是积极的。克里斯蒂娜、马克和杰克逊热情洋溢地汇报了他们运用显著性格优势的经验，以至于将讨论扩大到了个人性格优势的含义及如何解读显著优势。作为项目经理，他们也都非常有兴趣了解如何运用性格优势完成工作！

讨论开始时，麦琪向团队征询了他们认为的优秀领导者的特质。在加入团队之前，麦琪曾被告知，艾普莉是一位优秀的领导者，她似乎有一种天赋，可以让人们为实现项目目标而组织起来并兢兢业业地工作。在会议之前，麦琪在一对一的交流中询问艾普莉是否愿意与团队分享她的个人情况，以便团队可以进行性格优势演练。艾普莉表示同意。如果她不同意的话，麦琪就打算用自己的个人情况了。当艾普莉表示同意时，麦琪非常兴奋，因为她的这个态度会让团队更为融洽。

团队提出了优秀领导者的以下特质。

- 建立信任并授权。
- 记录并关注细节。
- 尊重他人——不仅对高层如此，对所有人都如此。
- 不认为自己是会议室中最聪明的人——从他人那里获取信息并学习。
- 将团队成员视为完整的人，而不仅仅是完成工作的资源。

- 善良。
- 诚实。
- 充满活力并敬业。
- 满怀希望和乐观。
- 有愿景，能带领他人实现愿景，鼓舞人心。

你认为卓有成效的领导者还需要具备哪些基本特质？

注意：许多人成为团队和项目的领导者和管理者是偶然的，他们可能因为擅长技术工作，所以担任了领导职务。或者像我一样，在合适的时间出现在合适的位置上，然后就被任命了。通常，他们会感到准备不足，甚至感到无法胜任，也会常常感叹自己不是个领导者。他们的担忧是可以理解的，因为盖洛普公司的研究显示，人们离开组织的最常见原因是对他们的上司有意见！

在性格优势理论中，领导力被定义为"鼓励团队成员完成任务，让每个人都参与，保持团队和谐。组织活动并完成工作"。当某人被任命为管理者或领导者，但其领导力排名位于性格优势清单的中间或底部时，就会感到很无奈。"好了！你看，我不是领导者吧。我的领导力只排在第12位（或者第18位、第20位或更靠后）。"

有时，他们还告诉我他们选错了工作。

在小组讨论了优秀领导者的特质之后，艾普莉自愿让小组运用她的个人经历进行演练。高级管理层、团队成员、外部干系人和合作伙伴都认为她是一个可以领导项目并使团队成员敬业的人。她一直坚称自己"只是在做自己的工作"，但是她的领导才能引起了麦琪的注意。

以下是艾普莉的前6位优势。

1. *欣赏美和卓越。*

2. 勇敢。

3. 好奇心。

4. 公平。

5. 感恩。

6. 幽默。

艾普莉透露，她的领导力排名第12位。对艾普莉来说，领导力是一种情境优势——平常不会表现出来，也没有机会用到，但在需要时就会表现出来。即使她的显著优势里没有领导力，但这些显著优势也是大家心目中认为领导者应具备的特质。

大家将她的个人特质与优秀领导者特质进行了比较。不过，大家也有些疑惑，即无法立刻得出具备这些优势就能成为领导者的结论。麦琪要求小组讨论，在艾普莉身上看到了什么，才使他们认为她是个领导者。

小组罗列了几点，如她能够对他人的贡献表示认可，并发扬光大。马克说："艾普莉重视他人的贡献，并对他人做好本职工作表示感谢。"本说："艾普莉勇于挑战团队内部甚至外部的人。她能够在必要的时候进行艰难的谈话。"杰克逊强调："艾普莉有包容心，但并不是人云亦云。她会征求所有人的想法和意见。"克里斯蒂娜说："艾普莉平等待人，她不是老好人，也不会厚此薄彼。"

大家一边说，艾普莉一边记录。"我听懂你们的意思了！"她兴奋地说，并将这些信息放到了优势清单的右侧位置（见表5.1）。

"我明白了！"她说，"我终于明白了自己的性格优势如何帮助我完成领导者要做的事情！"

麦琪解释，这并不意味着艾普莉不知道如何运用领导力。正如我们从马克的故事中看到的那样，人们会时不时用到他们的所有性格优势，而不仅仅是显著优势。只是在日常工作中，艾普莉会倾向于运用她的显著优势完成工作。当麦琪问她对担任领导职务的感觉如何时，艾普莉回答："无论别人怎么说，我从来没有认为这是一个领导岗位！我很荣幸能够承担我的角色，并让他人完成工作。我相信，这取决于我如何让团队做到最好，并取得伟大的成绩。"这么看来，并不能因为领导力不是她的显著优势，而得出她不是领导者的结论。相反，艾普莉不仅能够成为领导者，而且自己也很喜欢这个角色。

表 5.1 艾普莉的优势

优势	内容	艾普莉的做法
欣赏美和卓越	欣赏生活中不同领域的美、卓越和才华，包括自然、艺术和科学	欣赏并认可他人的付出和优势；欣赏他人为实现愿景迈出的每一步，哪怕一小步
勇敢	在威胁、困难或痛苦面前不畏缩；在有反对意见时依然能够坚持正义和真理；即使不受欢迎，仍然能够坚持自己的信念	必要时进行艰难的谈话；勇于承认自己不知道的问题
好奇心	对学习抱有浓厚的兴趣；总能提出问题；对任何事情都着迷；喜欢探索和发现	倾听他人的想法；善于接受他人的建议；寻找更多信息；关注细节
公平	对所有人能够做到一视同仁；不因个人情感而有所偏倚；给每个人公平的机会	尊重和欣赏他人，不分地位和等级
感恩	对他人的帮助予以感激，并时常表达谢意	适当赞扬他人；对新机遇充满热情；使他人感受到自己的价值
幽默	喜欢笑和逗乐；时常带给他人欢乐；能够看到事物积极的一面	在艰难时期能够营造轻松的氛围；鼓励适当放松并保持快乐；激发潜能和创造力

注意：我们一再看到，提升性格优势并没有秘诀。深思熟虑并刻意运用，性格优势就能帮助我们做好任何想做或必须做的事情。当然，才干、技能、训练和经验都可以提升性格优势，使我们胜任工作。不过，我没有将性

格优势划分等级，因为不想被等级划分所束缚。

现在轮到你了！看表5.2中的描述，这是项目领导者的真实描述。如何将这些性格优势用在你的领导角色中？

表 5.2 领导力优势练习

优势	内容	作为领导者的你
毅力	做事有始有终；面对困难坚持不懈，并以乐观积极的心态完成任务	
自我规范诚实	能够遵守规定和纪律，控制自己的情绪和行为以非常诚恳的方式，更加全面地看待事情的本质；从不吹嘘和炫耀；能够对自己的情感和行为负责	
希望	对未来充满希望并努力实现它；相信未来是可以靠自己的双手创造的	
爱	和他人保持亲密的关系，特别是那些乐于分享并具有同情心的人	
团队合作	作为团队成员能够很好地与大家协作；对团队负责；乐于分担；为团队成功而努力工作	

性格优势的后续故事

"那么，"克里斯蒂娜说，"接下来我们该怎么办？"

"是的，"杰克逊说，"我们如何在团队中运用它？"每个人都充满期待地看向麦琪。

"有几种方法。"麦琪回答，"我们可以继续练习，发现自己的优势；开始与同事分享我们看到的优势，然后收集他们的反馈。如果我们以树立榜样的方式看待和认可性格优势，其他人就会效仿了。"

"我喜欢这样做。"马克说，"前几天我经历了一件事，我觉得这件事应该可以帮助我发现性格优势，但我无法确定。我可以说吗？"他看着克里斯蒂娜说："克里斯蒂娜想听我的分享,是吗?"

克里斯蒂娜有些不情愿地点了点头。

杰克逊说："继续说吧!我想听这个故事,好像很有趣!"

马克开始讲他的故事:"正如你所知,我们的团队在交付一个成果时遇到了障碍。事实上,有证据表明我们正在运用的方法和进度安排是不切实际的。前几天,有几个团队成员紧张兮兮地来找我,告诉了我这个消息。他们受我影响,习惯看到事情光明的一面。没有人愿意成为通知坏消息的人!

"团队探讨了问题的方方面面。我们绞尽脑汁进行分析,确保没有遗漏任何因素。最后我说,'好吧,看来我们的计划没办法如期完成了。'

"似乎没有人想说什么,我也不想逼迫任何人先开口。于是我对约翰说,'没有人可以站出来搞定它吗?'整个团队都拘谨地笑了,大家都看着我。

"我想提出一些建议。考虑到上周我们讨论的好学和社交智能优势,于是,我特意问了一个问题。'我们能搞定它吗?'

"约翰盯着我的眼睛说,'搞不定。'"

麦琪打断了马克:"你提到每个人看起来都不想说什么,但约翰先说话了。你认为他发挥了什么性格优势?"

克里斯蒂娜插话:"听起来真勇敢!"

马克笑了:"是的,我想他很勇敢!我当时以为是判断力——如果他权衡一下再说,会更好。"

"我认为两个优势都有!"麦琪说,"我们讨论了优势是如何共同发挥作用的。接下来又怎么样了呢?"

"好的,"马克继续说,"我环顾了一下四周,问,'我们要做进一步分析吗?我们还能做什么?我们是否太容易放弃了?我们错过了什么?'

"过了一会儿，有人说，'我们都尽力了，只是无法按照计划进行而已。'其他人都点头称是。

"'那么，你认为下一步我们需要做什么呢？'我问，'还有哪些方案？'在运用性格优势和团队一起解决这个问题时，我确实感到得心应手。

"有人站了出来——你也许能够猜到是谁（这时，克里斯蒂娜坐在椅子上笑了笑）。她说，'我有个主意。虽然无法满足承诺的进度要求，但是我认为它会起作用。我需要一些帮助，以确保我的考虑是周全的。'"

"嗯，你了解我！"克里斯蒂娜说，"多么有创造力的女孩啊！你知道这是我最大的性格优势！"

大家都笑了。马克继续说："然后，团队聚集在白板前，开始讨论如何解决问题。这时，麦琪也到了。我无法解释接下来发生了什么；我从未见过这样的事情。以往，我会认为必须由我来领导这个任务，可是，这次他们自己就去做了。"

麦琪插话："这就是凸显性格优势的一个好例子。我记得当时小组成员聚集在一起并笑了几声。我看到了幽默。他们中的一些人对这个问题及解决这个问题的方案表示好奇。他们的谦逊和判断力给我留下了深刻的印象——没有人认为自己的想法是最好的或唯一的。每个人都认真听取彼此的想法。欧文展示了领导才能，使大家团结起来，不断推进。整个团队共同探讨解决方案的做法也体现了卓越的团队合作精神。这也体现了勇气和创造力优势。马克通过退后一步的方法让团队自我前进，这说明他在自我规范和社交智能方面做得很好。"

马克看起来很高兴。"还有希望，"他补充，"我真的很乐观，相信他们会解决问题。"

马克继续说："每个团队成员都为开发技术解决方案及共同发挥团队优

势做出了贡献。我甚至认为随着挫败感的增加，自我规范也在讨论中发挥了作用。凯瑟琳勇敢地站了出来。欧文也很审慎，确保大家都提出了问题，并且在团队结束讨论之前不会遗漏任何建议。我感觉到大家的潜能都被挖掘出来，最后聚焦到解决方案上。然后，我走开了，让他们自行处理。"

"最后怎么样了？"麦琪问。

"大约1小时后，团队带了一个新计划来找我，"马克回答，"我感到非常高兴，印象也非常深刻。方案简单、有效，又考虑周全，只需要增加些额外的实施时间而已。我感觉很好。这是我的工作，对吧？我运用领导力和毅力，为团队提供所需的东西。团队对新计划非常满意，以至于为了尽可能减少时间浪费，一些人还决定在周末进行这项工作。顺便说一句，麦琪，我们需要谈谈截止日期……"

马克关上了话匣子，环顾了一下四周。短暂的安静后，大家开始谈论过去几天的情况。大家都认为自己开始真正注意到周围人的性格优势，并且能够找出自身的性格优势。

本转向麦琪，问："麦琪，如果你不介意的话，我想问你一个问题。你怎么看欧文的审慎态度？在我看来，他一直都很焦虑。他曾经在第一天就告诉你，所有人都经常生病。"

麦琪看着马克说："马克，你怎么看呢？"

马克想了一会儿，说："欧文非常有条理，他就是那个做笔记的人。他会记下所有想法，然后与所有人一起——查看和评估。他会提醒每个人不要重复犯错。当大家认为有一个好计划时，他会问一些问题来挑战计划。我想他在权衡利弊时起到了关键作用。这是什么优势？"他停下来思考，"是判断力吗？"他试探着说。"无论如何，最后会有一个我能理解的清晰计划。欧文也让他们与我分享计划。"

"如果整个团队都运用性格优势，会不会很棒？"克里斯蒂娜问，"如果我们要求整个团队进行性格优势评估，你怎么看？你认为他们会接受吗？我很想知道团队中的优势。我想知道哪些优势出现得最多，也想知道有哪些没有出现的优势。我认为在一个大型团队中，把大家的显著优势集中起来，说不定可以覆盖所有优势。谁知道呢？"

看到大家讨论踊跃，麦琪很高兴，不过此时已经超出会议时间了。她问大家是继续讨论，还是明天再说。

"我希望至少要决定下一步该怎么做。"马克说。

"非常感谢大家的反馈和讨论！"艾普莉说，"它的确帮助我更好地了解了现实中的性格优势！"

"那么，下次我们讨论性格优势在团队中的运用方式如何？也许这将有助于我们决定下一步该怎么做，尤其是如何将性格优势引入团队。"麦琪建议。

所有人都同意将第二天的会议时间设为1小时，以便有足够的时间探索下一步方案。

团队中的性格优势

在接下来的会议中，麦琪在相关研究成果的基础上，介绍了在工作场所运用性格优势的益处。"我一直很喜欢深入研究性格优势，尤其在工作场所。它们不仅仅会让一个人，而且会让团队变得与众不同。"

1. 在工作中运用最佳（显著）优势可以帮助我们更加符合组织的要求，提高生产力和效率。

（1）运用显著优势与高绩效有关。

（2）运用显著优势与组织公民行为有关。

（3）运用显著优势可以减少不良工作行为。

2. 运用幸福优势——好奇心、感恩、希望、爱和热情——可以提高敬业度、幸福感和工作满意度。

3. 一些早期研究表明，对团队中某些角色的满意度与性格优势的运用也有关。

杰克逊和艾普莉立即提出了问题。马克开始考虑如何与团队一起采用这些信息。本问了很多有关如何将性格优势运用于整个团队的问题。

麦琪指出，小组中项目经理的幸福优势很多（希望：3人；热情：1人；爱：1人；感恩：2人；好奇心：3人）。大家都点头表示同意。艾普莉询问可以运用这些知识做些什么。

令人惊讶地，本插话："好吧，马克运用好奇心询问团队成员，团队成员做出了回应。我在想，如果小组真的每天都在考虑如何利用这些优势，那么大家都会受益。也许我们会带动其他人运用这些优势。这样的话，我们就会更敬业，并且能在工作中体会到更大的意义！"

"本说得很好！谢谢你！"麦琪说，"其他人还有什么要说的吗？"

克里斯蒂娜插话："在我看来，大家真的很想让团队了解性格优势。为什么不告诉团队，我们进行了性格优势评估，并建议他们也这么做呢？我认为，我们可以抓住机会。没准他们会同意呢——我认为团队中有很多富有好奇心和好学的人。如果没有的话，就应成为有创造力的人！"

马克对她的说法表示支持。"麦琪，如果我们告诉团队，这件事我们已经试过并很喜欢，了解显著优势也会帮助他们获得更好的体验，并能把工作做得更好，他们怎么会拒绝呢？"

麦琪说，她将起草一封电子邮件，发给世界各地的项目团队，邀请他们参与。小组随后将审查邮件。

"如何设定角色，麦琪？"杰克逊问。

"这项研究才刚刚开始，先假设团队中有7个核心角色。性格优势在一定程度上决定了人们为什么承担他们的角色，以及他们承担这些角色的工作满意度。"麦琪解释。

"如何比较团队中的角色呢？"克里斯蒂娜问，"像我们这样的IT团队中的角色与医疗或建筑团队中的角色会有很大不同。"

"这些不是职能角色，"麦琪解释，"这些角色包括创意生成者、信息收集者、决策者、执行者、影响者、激励者和关系管理者。"麦琪一边数着手指，一边列出7个角色。"大概就是这些角色。虽然所有性格优势似乎都与我们在团队中承担的角色有关，但有些优势比其他优势相关性更高。例如，创意生成者需要具备很强的创造力，这是毫无疑问的；决策者则需要具备很强的领导力和勇气；影响者则需要具备很高的希望、社交智能或团队合作，这样才能更有活力。

"角色也以另一种方式起作用。如果某人承担了信息收集者角色，则需要具备自我规范、审慎、团队合作、谦逊或判断力，即使这些不是此人的显著优势，他也可能因此做得更好。所有团队角色都需要具备热情和希望。"

"我们这个团队有了一个很好的开始，"杰克逊笑着说，"我们应该能够胜任所有角色！"

"如果希望和热情对我们的所有角色都有帮助的话，"艾普莉说，"那么我们可以在团队中建立这些优势。这与你先前提到的幸福优势也是密切相关的。"

"因此，如果我们让整个团队都进行评估，是否能够知道谁应该做什么？"马克问。

麦琪回答："实际上不是这样的。"她一边说，一边给大家展示了团队中的角色定义（见表5.3）。

表5.3 团队中的角色定义

角色	定义
创意生成者	喜欢用创意来解决问题并促进发展。他们进行创新、重组、升级和革新。无论是处理简单的日常问题还是重大的战略性挑战，他们对任何企业的未来而言都是至关重要的
信息收集者	喜欢学习最佳实践、新兴市场趋势、供应商、竞争对手、市场竞争和财务信息。他们喜欢用书面或演讲的方式分享学到的知识
决策者	从各种角度分析信息、权衡证据、运用逻辑，并选择富有成效的行动方案
执行者	执行决策。他们是行动者，即制造、营销、出售和交付的人。这些执行任务、完成工作的人是每个组织的中坚力量
影响者	充满希望和热情，迎接说服他人的挑战。他们是处理反对和拒绝的核心人物。他们会不断努力，说服那些具有价值的企业、客户、银行家、投资者和股东
激励者	天生就是积极的。他们就像发电厂一样，在阻碍中轻快地嗡嗡作响，一季又一季、一年又一年，不会耗尽能量。他们以坚韧不拔的精神和热情感染他人
关系管理者	特别擅长建立人际关系、解决冲突及激励和鼓励他人。他们是善于聆听的人，拥有关心他人的心、同情的耳朵和实用的建议。他们对于任何企业来说都是必不可少的

"这是对团队中的角色的定义。目前，由于这个理论比较新颖，暂时还没有一种易于运用的方法衡量某人是否适合某个角色。况且，不是根据个人情况和显著优势就能确定谁最适合什么角色，事情没有那么简单！但是，我发现这张表确实有助于我们切实关注人们的行为方式，并了解他们是否适合在团队中扮演某一角色。它可以帮助我们看到，有人会被迫承担对他们而言并不合适的角色。通过角色定义并与团队一起确定性格优势，我们就可以考虑他们应该承担什么样的角色。这听起来怎么样？"

本插话："似乎这只是以另一个角度解读性格优势的方法。有些优势与幸福感相关，有些优势与高绩效或工作满意度相关。我们可以通过所有这些方法与伙伴进行对话，了解他们是谁及优势对他们而言意味着什么。"

克里斯蒂娜笑了笑，说："这让我想起了那天勒西的事。她当时正忙于分析一些方案，解决界面设计中遇到的问题。她无意中听到我说需要向其他团队演示产品发布管理新方法，于是自愿在她的闲暇时间帮我们做报告。

"我非常感谢她的帮助——她精力很充沛，也知道如何让他人支持新想法。我答应了。她、米兰达和我一起进行了演示，她确实提出了一些简单而有说服力的建议。几天后，我发现她的分析工作落后了，因为她把大量时间花在了演讲上。

"演讲非常成功。但是，现在我们必须赶上解决问题的进度！

"当看到这张表时，我就在想，她是影响者，还是激励者？当她进行分析时，也许承担的是信息收集者和决策者的角色。她是不太适应这个角色吗？"

麦琪回答："很有可能。"

本说："但是，我们不能总是做自己最想做的事情吧。我们需要她的分析工作！"

马克补充："我想这可能是任务落后于进度计划，最终延误交付的原因之一——人们承担了不太适合的角色，因此需要花费大量精力才能完成工作。"

"知道这些对我们而言很有用。"艾普莉说，"如果我们能够发现某人感到精力不够和没有热情，那么可以安排他去做一些他具备优势的工作。而且，如果有了这些幸福优势，我们的工作就会更有效率！克里斯蒂娜、杰克逊和我也就可以更好地满足好奇心！"

马克说："好的，下一步该做什么呢？邀请整个团队进行评估吗？"

"是的，有这个计划。"麦琪回答，"我们将发一封电子邮件，让这项工作继续进行。"

向团队介绍性格优势

几天后，麦琪起草了一封电子邮件，邀请整个项目团队进行性格优势评估。项目经理小组希望其他团队成员能够像他们一样尽其所能并发挥性格优势，并且迫不及待地想了解更多关于同事的信息。

麦琪向项目团队简要介绍了性格优势，以及用美德进行分类的优势清单。每个小组成员都用一两句话说明了他们对性格优势的喜爱及希望团队参与的原因。下面是他们的说明内容。

马克："起初，我怀疑这个评估是否真的有用。麦琪请我保持开放的心态尝试一下，我当时这样做是为了支持她。现在我完全接受了，我们作为一个团队探索了性格优势，我觉得我更欣赏我的同事了。"

艾普莉："我明白了为什么我如此喜欢自己的角色，因为我可以运用所有同事的优秀品质。"

本："不夸张地说，这确实是一种相互了解并发挥性格优势的简单而有意义的方法。很有趣！"

克里斯蒂娜："以前，我很好奇我的性格优势是什么，以及我是否认可评估的内容。现在，我真的很好奇我们的团队有哪些性格优势！"

该电子邮件附上了性格优势评估链接。两天之内，已经有40多人进行了评估。几天后，这个数字增加了2倍。问题是如何在人们不在场或不感到尴尬的情况下收集评估结果。

小组再次召开会议以便制定战略。会议决定在活动挂图上画上包含24种优势的表格，然后发给每个团队成员5张便利贴。大家可以在一天中的某个时候在便利贴上写下自己的前5种优势，然后麦琪和艾普莉将所有结果汇总在一起。他们也安排每个海外团队的负责人做同样的事情。海外团队负责人最终将结果统一发给麦琪。麦琪将结果与本地团队的优势放在一起，得出了如表5.4所示的表格。

表格是通过计算每个参与分享者的前5种性格优势而创建的。

表5.4　团队性格优势统计

优势	总数	优势	总数	优势	总数
创造力	23	好奇心	17	判断力	11
好学	12	洞察力	6	勇敢	12
毅力	26	诚实	33	热情	7
爱	31	善良	29	社交智能	12
团队合作	30	公平	30	领导力	18
宽恕	4	谦逊	6	审慎	13
自我规范	8	欣赏美和卓越	17	感恩	7
希望	18	幽默	17	灵性	11

麦琪和小组成员开会讨论下一步该如何处理这些信息。

经过一番讨论，小组决定下一次站会的主题是讨论评估结果。本建议他们提出一系列问题以引导讨论。他们就以下5个问题达成了共识。

1. 你如何看待这个结果？
2. 有哪些突出之处？
3. 哪些是有效的？
4. 你想改变什么？
5. 下一步有什么行动？

麦琪会带领大家了解自己的优势并回答问题。"请大家随时随地提出想法，"麦琪说，"大家在这方面都做得很好，可以和团队分享更多东西。"

第5章 在项目干系人和项目团队中建立欣赏文化

第二天早上，评估结果表格被挂在墙上。当本地项目团队在站会中聚在一起时，麦琪走到了前面。

"感谢大家进行了性格优势评估并分享了结果。非常感谢你们的团队合作精神和勇敢！今天，我们将讨论结果。你会发现它很有趣。大家看一下这个表格。有哪些突出之处？"

沉默了很长一段时间后，勒西走上前评论："我们在宽恕上有点欠缺！"大家都笑了。

"但是，我们都很诚实！"欧文说，"我们不会羞于说出自己的想法，或者告诉别人他把事情搞砸了，但又不会轻易原谅对方。"

米兰达说："是的，我注意到有时我们会纠结在错误的根源上，而不是把错误放在一边，专注于解决方案。"有人表示赞同。

麦琪再次解释，所有人都有自己的性格优势，这些优势对我们来说都是可以获得的。她还解释了一些有关显著性格优势的信息，以及为什么仅统计每个人的前5种性格优势。她继续说，通常，我们具有4~7种显著优势。我们感觉自然而然、充满活力且易于运用这些优势，并且这些优势往往体现在我们所做的大多数事情中。剩下的10~15种次要优势对我们来说并非那么自然而然，往往因具体情况而异。有些优势可能在家庭中体现得更多，如爱或善良，而另一些优势可能在工作中体现得更多，如审慎、团队合作或领导力。最后，我们还有一些较弱的优势，这些优势是最难利用的，也是离自己显著优势最远的。麦琪再次强调，所有人都具备所有优势。她鼓励人们专注于利用自己的显著优势做事情，而不要盯住次要优势和"不足之处"不放。

此时，亚利桑那发了言。作为设计师，亚利桑那在大多数大型会议中都保持沉默，只与麦琪就如何使设计过程更稳健和更有趣进行过交流。

她说："我排名最低的优势是谦逊。我知道结果就是这样的！我了解自己，也承认这个事实。我坚持按我所说的去做。某些人可能认为我很自大，但我认为谦逊被高估了！这并不是说我不欣赏别人的贡献和观点。我收集信息（顺便说一句，我的判断力排名很高），进行评估，并且我相信我能做好！"

整个团队都笑了。欧文说："亚利桑那，你这么说我并不感到奇怪！"

"所以，看下宽恕，即使在我们的团队中该项得分不高，但也不意味着我们就不宽容，对吧？"勒西问。

"是的，"麦琪说，"虽然对大多数人来说宽恕都不是强项，但我们都有运用和表现宽恕的能力。这并不意味着我们不宽恕！你还看到了什么？"

"好吧，一起来看看诚实、团队合作、公平和善良的得分。"卡里说，"很多人的显著优势看上去不错。"

"爱，"欧文说，"在工作场所，这好像是有点怪的性格优势。"

此时，杰克逊插了话。"实际上，这是我最大的优势之一，"他说，"我知道这意味着我重视亲密关系。我认为这体现了我将这个团队视为大家庭的事实。我不仅仅想与你进行纯粹的专业交流，也希望共同完成工作。这就是为什么我很高兴了解性格优势并与团队分享。"

杰克逊看了看麦琪，问："我问一个与性格优势清单不一样的问题，可以吗？"麦琪微笑着点了点头。

"团队中有31个人把爱作为自己的显著优势之一。你如何看待它在工作中的作用？我知道我们在不同的办公室办公，但我想我不是这里唯一有这个问题的人。"杰克逊看上去有些不自在，站到了房间的一角。

有几个人举起了手。

乔治说："爱是我的显著优势。我同意，这个团队感觉很像一家人。这就是我在压力很大的情况下也能轻松工作的原因。我感觉与我的同事们关系亲密，我重视我们之间的关系。"

"是的，我有同感。"米兰达说。

"是什么起了作用？"麦琪问，示意杰克逊无须继续提问。

"我认为这些都起作用。"传出一个新的声音，是泰迪。麦琪很高兴看到性格优势这个话题能让更多的人参与到讨论中。"我们拥有很多强大的优势，如团队合作、爱、善良和诚实。我感觉我们在说一种共同的语言。然后，某些人拥有团队中罕见的优势。"泰迪继续说，"这赋予了这些人一个特殊的角色，一种可以做出贡献的方式，也许其他人很难做到。"

"太好了！谢谢你，泰迪！"麦琪说，"那么，你们想改变什么？"

"我希望对感恩有更多的关注。这对我来说很重要。"普雷斯顿说，看上去很认真，"有时候我感觉好像人们并不欣赏美好的事物。"

麦琪插话："对团队而言，如何平衡性格优势？对个人而言呢？"

普雷斯顿继续说："我也很纳闷。所有人都应该确保让所有的性格优势均等并接近最佳吗？"

"不！"亚利桑那惊呼，"我认为这根本不可能。我认为我永远都不想让自己的谦逊达到最佳。我对自己的自我规范水平感到非常满意。虽然它排名不高，但是我认为已经足够满足我的需求了。我每天早上起床上班，每顿饭都吃得很饱，而且做着我并不总是想做的事情——尽管排名很低，但我认为我并不需要这种性格优势达到最佳。"

"这点很重要，"麦琪说，"我们并非都被相同的性格优势所激励。而且，普雷斯顿，这也许就是你对人们似乎没有足够的感恩心而感到沮丧的原因。表达感激之情对你来说很重要，而且有激励作用，但对他人而言，感恩可能没有什么特别之处或激励作用。明白了吗？"

"我说下公平，"艾普莉补充，"如果我认为某件事不公平，这件事就会让我发疯，也会让我自己变得不公平！我看不得不公平。如果有人说那只是我的观点，公平对其他人而言并不那么重要，我就会很讨厌说这种话的人。我对团队合作非常看重，如果有人不看重这一点，就会惹恼我。"

"是的。"麦琪说，"这是个很好的例子，艾普莉。"

"谢谢你！艾普莉，这很有帮助。"普雷斯顿说，"那么，下一步是什么呢？"

"好吧，如果大家了解更多性格优势方面的知识，就可以利用它做更多的事情。"麦琪回答。"我们可以根据自己的性格优势进行一些尝试，也可以组成一个小组一起做一些事情，但前提是，你们要愿意！更多还是更少地运用性格优势，由你们来决定。"

团队继续讨论各种方案，并同意他们希望继续运用优势。他们还同意将表格挂在墙上，用来互相提醒各自的性格优势。

本还要求麦琪与海外团队负责人进行视频会议，探讨如何与这些团队开展同样的讨论。

在团队中形成性格优势意识

团队在接下来的两次会议中挖掘并认可了彼此的优势。艾普莉确保房间里有足够多的性格优势表格。一些人下载了性格优势表格并保存在智能手机里。项目经理审查了进度，并对性格优势融入团队一事感到非常满意。马克报告，他在计划会议上听到了人们讨论他们将如何在计划中运用每个团队成员的性格优势。

麦琪发放了一些材料，介绍如何通过影片和活动发挥优势。在站会中，人们开始评估性格优势。与团队其他成员进行的每月视频会议也融入了性格优势。

麦琪、艾普莉、本和杰克逊开始制作每周新闻通讯，其中包含关于如何发现和培养性格优势的一些技巧。每周他们都会评审一种性格优势。他们共享的工具之一是性格优势"冥想法"——在冥想中依次想出每个性格优势及如何在工作中运用它。

在麦琪的带领下，项目经理小组致力于培养整个团队的幸福优势。他们做了一些有趣的事情（热情）；致力于设定目标，制订现实的计划并实现这些目标（希望）；团队开始提出更多问题，并从其他人那里获得更多输入（好奇心）；普雷斯顿开始鼓励人们分享自己的感激之情，对他来说，感恩是显著优势，他愿意把它培养成其他人的幸福优势之一。他开创了"周一感恩日"，整个团队相互走动，举手示意或握手，互相感谢，感谢彼此又一起工作了一周。

给团队带来优势

如你所见，性格优势可以真正凝聚动力。仅仅意识到它们，就能在团队成员之间的互动中发挥重要作用。当我们认真考虑自己的性格优势之后，团队成员、项目干系人和项目发起人的学习、计划及欣赏之风气就形成了。当人们感到被关注和欣赏时，他们就会付出更多的努力。积极的环境会增强人们的创造力和解决问题的能力，并让每个人都感到安心，然后开始尝试。

注意：我认识的一个人提出了"评估疲劳"这一观点，并说她认为自己的团队不会对评估做出反应。但事实与之相反，她发现团队成员很喜欢它，并且在一次午餐后的简短介绍之后，他们就开始学习和运用性格优势。让她特别高兴的是，更多的初级员工欣赏这些优势，并真正喜欢上了这种做法，而不把它当作专为管理者或高管层开展的活动。

性格优势会成为障碍吗

在你得出结论，认为麦琪及其团队过渡很顺畅之前，我想谈谈冲突管理这一主题。尽管热情高涨，乐观和自信也在不断增加，但个性和性格优势之间仍然存在冲突。麦琪意识到有些人有信心分享自己的观点，但其他人似乎总在退缩。她竭尽所能地向沉默的团队成员征求意见，但仍然感受到他们的不情愿。她确信他们是有想法的，只是遇到些障碍而已。她想找出那是什么——或是谁。在一次项目经理会议中，麦琪决定向其他人提起这个话题。

"嘿，伙伴们，"她在一次例会中说，"大家是否注意到一个问题——性格优势会成为障碍吗？"

克里斯蒂娜接过了话茬，说："是的，我想会的。我一直想问你，我们如何才能在团队中利用性格优势解决冲突和争论的问题。进展顺利当然很棒，但并不是团队中的每件事都让人称心如意！"

量身定做

1. 关注同事和团队成员的性格优势，并告诉他们你所看到的优势。

2. 向一位同事提供性格优势清单，并请他在团队中发现性格优势。交换意见，看看你学到了什么。

3. 在看电影、电视或读书时，也请你有意识地发现性格优势。你喜欢的角色有类似的性格优势吗？他们的性格优势是否与你相似，或者他们身上有你不常用的性格优势？

成功策略

满怀希望　在会议上，记下你看到的性格优势，并特地表示欣赏。

保持坚强　选择一项幸福优势——好奇心、感恩、希望、爱或热情——并在一周之内每天与同事一起运用。记录你经历的任何变化。

勇敢前进　与一位同事分享性格优势清单，并探讨与他人一起运用性格优势的方法。

充满好奇　询问他人对性格优势的看法。

第6章

当性格优势成为障碍时

过犹不足。

学习重点

1 / 了解性格优势为何会成为障碍。

2 / 发现运用过度及运用不足的性格优势。

3 / 了解环境如何导致性格优势的不当运用。

4 / 调整性格优势运用策略。

5 / 识别在团队中最有可能发生性格优势冲突的情景。

直到第5章的结尾，似乎一切进展都很顺利。但是，麦琪和克里斯蒂娜发现，事情并非总是像他们期望的那样顺利。

在本章中，我们将探讨性格优势成为障碍的情景。性格优势甚至会加剧冲突。虽然性格优势是积极有效的，但是也会被不当运用甚至误用。我们将探讨不当运用性格优势的问题，以及探讨当优势发生冲突时会带来什么问题。

对团队和项目经理而言，有两个问题至关重要，即确保个人性格优势不会运用过度及化解个人性格优势中出现的冲突。

当然，还有其他一些因素会起作用。在第7章中，我们将探讨人们处理信息的方式，如在制订计划和进行交流时会遇到什么挑战。

首先，我们将简要介绍性格优势何时会运用不足或运用过度，以及何时会发生冲突。

对团队和项目经理而言，不审慎或不均衡运用性格优势是一个关键问题。确保每个人的性格优势不失衡，是优秀团队与普通团队的区别。

社交智能：令项目激励者难以捉摸的性格优势

在一次课程中，麦琪首次对自己的性格优势进行了评估。当拿到自己的评估结果时，她发现社交智能这一优势仅排名第17位，几乎垫底。她非常惊讶，因为她一直认为自己很擅长与人打交道。她的同理心也很好。她认为，了解他人、察言观色对项目管理成功而言至关重要。虽然她在该优势上的排名并不比项目经理样本组低（第19位，请参阅第1章），但低于总体组的排名。

当事情进展顺利时，社交智能排名较低可能问题不大。因为这是一种次要优势，麦琪很有可能在真正需要的时候能够运用它。但当项目承受巨大压力时，麦琪就无法运用一些排名较低的优势帮助分析原因，更别说运用它们去解决问题了。

性格优势——适可而止还是多多益善

麦琪和项目经理小组发现，有些人专注于自己性格优势清单中的底部优势。尽管像亚利桑那这样的少数人会对自己的底部优势和显著优势一视同仁，但还是有些人对底部优势表示担忧。团队中的大多数人似乎都认为底部优势就是缺点。这不足为奇。特别在美国，大家都专注于解决问题、缩小差距和发现薄弱环节。从最好的方面入手以便做得更好，这一做法似乎有违常识。

这里要强调的是，底部优势并不意味着缺乏该优势，更不是弱势。实际上，不能恰当地运用优势才是问题。对性格优势的运用不足或运用过度与具体情景有关。

团队中的安德鲁告诉麦琪，团队合作是他排名垫底的优势，他只是不明白该如何将团队合作用于工作中。他向麦琪通读了一遍自己的性格优势评估结果："作为团队一员，你表现出色。你是一个诚实而敬业的队友。你总能尽自己的力量，为团队的成功而努力。"读完后他说："这不是我啊！"

乍一听安德鲁这么说，麦琪也有些不知所措。随后，她开始询问安德鲁的日常生活，安德鲁和她说起了他的孩子们。他说他经常与孩子们在一起，并帮助他们做家庭作业，尤其是给孩子们讲解数学原理。听完安德鲁绘声绘色的讲述，麦琪从中发现了团队合作的影子。安德鲁好像松了一口气，说："好吧，终于有件事能够体现我的团队合作精神了！"

经过讨论后，安德鲁意识到他只是未能在工作中充分利用这种优势而已。他说，尽管他的很多工作都是独立完成的——他在本的团队中负责质量工作——但他确实需要与他人合作。他以前从不去参加团队工作最新进展发布会，现在他知道这么做会令同事感到沮丧。他决定应该在团队合作上有所作为，至少应花一段时间努力成为团队合作者。于是，他的脑海中就生成了如何与孩子们合作的情景。这种感觉很棒！这么做也是非常有益的，因为他知道了如何用更专业的方式与同事合作。

VIA性格优势协会会长尼尔·迈尔森在一次电话访谈中说："哪怕一个很小的优势，只要善加运用，也足以产生影响。窍门是要找到合适的优势组合，让自己达到最佳状态。"

麦琪提醒团队应该专注于性格优势。虽然我们应该专注积极的一面，但并不意味着不理会弱势、差距和挑战，或者认为解决这些问题不值得。当我们有积极的心态时，就更有可能找到解决问题的方法；当我们有积极的情绪时，就更愿意接受新的想法。也就是说，如果我们从积极的一面出发，就会在解决问题方面取得更大的成功，大家也会更乐于接受建议。

优势运用过度或不足会妨碍团队合作

优势的运用过度现象比运用不足更普遍。任何对性格优势的过度运用都会拖累团队。例如，对于一个安静、害羞并不喜欢被问太多问题的人来说，所谓的好奇心就像在西班牙的宗教法庭受审一样！在很多情况下，过犹不及。

在接下来的每日会议上，麦琪建议小组探讨该主题。本、克里斯蒂娜、马克、艾普莉和杰克逊对自身性格优势有了更深入的了解，也开始通过不断练习来发现他人，无论是家人、朋友、同事还是电影或书中人物的性格优势。为了继续推进该工作，麦琪举了一个例子。

重新审视白金法则：个人对性格优势的运用过度或不足

艾普莉对团队说，她的最大优势是欣赏美和卓越。"在上班途中，我会看看周围的环境，看看我住的镇子里那些漂亮的建筑，看看大自然，看看小动物和鸟儿，这些活动对我的心情和精力都非常有益。这么做能够让我精力充沛地完成当天的工作。在午餐时间，我会出去呼吸新鲜空气，四处看看，哪怕只有10分钟都好。"她与团队分享了一些更有趣的发现。当然，并不是每个人都觉得这些事情是美妙和令人振奋的！正如她告诉团队的那样，在接受VIA性格优势评估之前，她从未认为欣赏美和卓越是自己身上独特又可定义的性格优势。她也从未想过将这个优势与其他显著性格优势结合起来，成为自己独特的优势。

回想起她和朋友一起外出的那段时光，她的朋友没能体会到她的乐趣。有时她会责备他人没有欣赏那些在她看来令人着迷的事物。回忆起与朋友的经历，她显得有些懊悔。她坦言："我在欣赏美景，为什么他们却无动于衷？现在，我认为不能怪罪他们！强求别人也和我一样，真的不公平！"

本打断道："我想知道的是，如果你因为我没能欣赏美景而责备我，我该怎么办？不过，我倒是认为，你对每个团队成员的本职工作给予了过多认可。"本好像有点脸红了，麦琪想一探究竟。

显然，艾普莉也注意到了。"你觉得我这么做了吗，本？"艾普莉轻声问，"你可以和我说。前几天，我们也对克里斯蒂娜发表了意见。这次轮到我了。"

麦琪看到克里斯蒂娜在角落里点了点头。

本深吸了一口气说："请不要误会我的意思，我很高兴你能认可大家的贡献。毫无疑问，大家都希望得到认可。不过，说实话，有时我会觉得有点做过头了。不好意思。"他喃喃自语，看上去颇不自然。

麦琪说:"那么,我们应该在什么时候认可同事的工作呢?"

艾普莉陷入了深思。杰克逊说:"麦琪,当你第一次加入团队时,当时的情况有点糟糕。好像我们所做的一切都没有价值。我认为,艾普莉和其他人很认可我们的工作,这么做是对的。现在事情进展得很顺利,大家都处在一个更好的时点,也许是时候回头看看了。我们可能把重点放在其他人的建议上,而忽略了我们自己的意见。毕竟,我们并不是总能看到人们在幕后做的事。"

艾普莉打起了精神。"我可以领导团队。"她说,"我乐于鼓励他人,认可他人。"房间里的紧张气氛缓和下来。停顿了一会儿,麦琪表扬了艾普莉和本的坦诚和勇敢。她补充道:"当我们遇到性格优势被过度运用时,就要大声说出来!这么做并不容易。请记住,他人或许在运用自己的性格优势时没有意识到会运用过度。如果恰当地运用自己的性格优势,你可以帮助他人变得更好。这并不一定是批评,要记住,我们都在努力帮助每个人成为最好的自己。

打破僵局后,麦琪问大家,运用自己的显著优势推动别人时会怎样。

本说:"审慎是我的显著优势之一,如果有人不愿意接受我的检查和提问,我会很吃惊,也会比平常更审慎。"他思考了一下,然后说:"也许我做得有点过了,甚至过于微观管理,就好像不太相信别人一样!"

杰克逊插话,"你和普雷斯顿一起工作过吗?我记得他告诉我们,感恩是他最大的性格优势。有时候我觉得,当我未能对他的本职工作表达感激和感谢时,他就会生气!我喜欢他,并且希望与他建立良好的工作关系。因此,即便我认为不必这样做,也会尽力感谢他。不过,这么做会让我有些苦恼。"

麦琪说:"本和杰克逊,谢谢你们的例子。那么,有哪些方法来应对这些情况呢？本，接受你微观管理的人会怎么样呢？"

本略微思考后，说："我认为，如果在约定的时间，用约定的方式了解他们的进度，就会对他们有所帮助。如果我在半道打搅他们，他们只会让我走开！"

杰克逊说，他将与普雷斯顿进行一次谈话，谈谈他如何关注并欣赏他的工作。杰克逊也强调应将重点放在工作、任务和时间表上，这些对他来说都是非常重要的事情。

麦琪让小组做一个练习，帮助大家加深对某些性格优势的理解，以及运用过度和不足的情况（见表6.1）。她问："当这些性格优势在团队中运用过度，会怎么样？如果运用不足，又会怎么样？我还介绍了几种性格优势组合。正如性格优势会互相强化一样，有时一种优势也会造成另一种优势的不当运用。"

小组仔细研究了表6.1，也探讨了优势运用过度的情景。经过一番讨论，他们一起填写了表6.2，考虑了可以运用哪些优势和方法来避免对优势的不当运用（尤其是运用过度）。

表6.1 **性格优势运用过度和运用不足举例**

性格优势	运用过度	运用不足	对策
毅力			
诚实			
公平			
团队合作			
善良			
社交智能和公平			
毅力和诚实			

表 6.2　对性格优势运用过度和运用不足的分析

性格优势	运用过度	运用不足	对策
毅力	坚持计划或目标，即使它不再有意义，也不愿意调整。不用判断力和审慎检查情况，坚持认为没有必要调整，也不咨询他人以获得正确的观点	遇到障碍就放弃。如果方法行不通，或者在第一时间不起作用，就会过早地放弃该方法，转而寻找新的方法。在放弃前，也不运用创造力和洞察力	提供所学知识中的相关观点，运用领导力帮助人们调整自己的观点。运用好奇心提出探索性问题，帮助团队成员得出新结论。从他人的信息中获得观点
诚实	太过直接，也不考虑别人的感受。在决定如何传递信息时，忘记运用社交智能、善良和爱	不告知人们事实的真相。不报告坏消息，哪怕它是事实。在项目中，对问题或障碍采取回避态度	运用善良的同时，也让人们了解真相。鼓励人们告知事实，而不要指责或追责。鼓励人们运用团队合作的方式解决问题
公平	将所有团队成员的成功和目标置于同等重要的位置。过度关注进度的公平性，以不必要的方式放慢进度。当他人不强调公平时，就会变得情绪化	让人觉得自己的意见和贡献不被重视，导致人们在艰难的谈话中产生畏惧感或排斥感	运用判断力、社交智能和善良提醒团队成员在公平与项目需求之间取得平衡。提出在公平与其他优势之间取得平衡的建议
团队合作	不能或不愿意单独前行。所有活动和决策都需要他人的贡献和支持。丧失自我	成为独来独往的人，无法与他人协商和合作。孤立地进行工作，不与团队其他成员进行工作联系，与决策和变化脱节	运用领导力平衡团队合作，并鼓励对他人的适度依赖。用诚实提醒人们，要用不同的方式完成不同的工作
善良	看起来像一种居高临下的态度，甚至可能被解读为缺乏信任。当善良者因接替他人或避免项目失败而加入团队时，这种做法就会产生负面效果，也会影响团队的学习和创新	将团队成员的工作视为理所当然，忽略团队成员正在做的工作或面临的挑战。未能将人们看作具有多元化生活需求的完整的人。对没有坚持到底的人很不耐烦	运用善良和洞察力提醒人们要对他人敏感。运用判断力和社交智能为工作场所和团队环境创建良好的氛围

续表

性格优势	运用过度	运用不足	对策
社交智能和公平	对他人的感受和需求过于敏感，不考虑自己的感受和需求。屈从于他人的需求而忽视项目目标。即使证据表明他们的想法是不现实或不合理的，也倾向于采用其想法	傲慢行事，摒弃他人的意见，不听取或不征求同事的意见。重视自己而排斥他人的思想、价值观和观点。缺乏批判性思维，很少进行团队合作，也缺乏善良	运用诚实、判断力和领导力创建一种公平、有执行力、体贴和务实的环境
毅力和诚实	践踏他人的感觉，无视甚至不在乎同事的感受。在工作场所中议论私人话题。如果毅力和诚实运用过度，就会对他人造成伤害，将工作环境搞得非常糟糕	不分享对小组有价值的意见。回避有难度的对话。当项目或任务偏离轨道时，不愿意发出警报。如果毅力和诚实运用不足，就会缺乏适应性，在错误的道路上越走越远	运用判断力和社交智能，帮助团队成员了解如何最大限度地发挥诚实。运用诚实和社交智能开展艰难的对话

麦琪看了看表格，微笑着说："太好了！你们真的很了解这些情况。让人耳目一新的是，在对策一栏中，你们写了很多想法。要知道，解决问题绝不止一种方法。"

了解性格优势运用不当的好处不仅在于可以将其扼杀在萌芽状态，还在于可以通过他人的性格优势来了解他人。正如我们可以欣赏他人，并在需要的时候发挥他们的性格优势，我们也可以根据他们的性格优势重新评估那些惹恼我们的人。我们可以想一想，他们是否对性格优势运用过度或不足，从而导致了关系紧张。在什么时候，因为什么原因，他们对性格优势运用过度或不足？

发现并解决性格优势的运用过度问题

表6.3给出了导致问题的几种情况。哪些优势会发挥作用？知道这些如何有助于改变行为方式？参考答案放在了本章末尾。不过，没有标准答案，关键要看情景！

表6.3 性格优势运用过度问题

情景	优势运用	机会
设计部门的一个负责人负责审核和批准某IT开发项目中成员提出的设计建议。每次有新建议提出时，他都会罗列该设计建议无用的所有理由，并反馈给建议者。团队成员开始避免提出建议，团队的创造力开始枯竭		
在团队会议上，团队成员提出许多推动市场营销的创意。创意很多，但当会议结束时，大家却不知道谁将负责下一步或下一步该做什么。项目进展缓慢，无法达成预定交期。下次会议时，大家又在重复该过程，只是新创意更多了		

直面真相：当领导者成为问题的根源时

麦琪团队的情况和表6.3中的第一种情况有些相似。令人惊讶的是，这个结果和一名领导者有关系。克里斯蒂娜负责审查系统设计变更。当团队成员有想法时，就会告诉她。麦琪发现，表现好的团队成员会诚惶诚恐地提出想法，表现差的团队成员则什么也不做，只等他人来"挑战"。这一切只因克里斯蒂娜是个"喜欢说不的人"。

当某人想出一个创意时，他常常会被这个创意吸引，以至于对障碍和挑战视而不见。克里斯蒂娜总是把大家拉回到现实中来，告诉大家为何创意行不通。对那些想合作解决问题的团队成员来说，这么做只会令大家感到沮丧。

第6章 当性格优势成为障碍时

在团队中,大家分享性格优势时,发生了一些有意思的事情。克里斯蒂娜和大家分享了她的前5种性格优势。团队发现她这个"喜欢说不的人"的显著优势是判断力。通常,当人们看到判断力是自己的显著优势时,往往会认为不那么正面,好像其中暗含"吹毛求疵"之意。事实上并非如此,性格优势中的判断力是批判性思维,是一种能够从各个方面考虑事情并权衡证据的能力。判断力强的人不会轻易下结论,仅根据可靠的证据做出决定。判断力强的人会改变观点,也会从他人那里获取意见。

当"喜欢说不的人"分享自己的显著优势时,麦琪看到大家理性地点头,因为大家认为她很有判断力。马克讲述了他对判断力的理解,并下了一个有意思的结论:判断力并不是吹毛求疵、刻板或挑剔,而是权衡证据及评估各方信息。

麦琪问:"现在,你们知道了克里斯蒂娜的显著优势是判断力,这对你们来说有什么帮助呢?"

房间里一片寂静。

像往常一样,勒西率先说:"当团队成员提出已经完全成熟且不容置疑的想法时,她仍然要求从其他方面看待该想法,并提出该想法的潜在问题和弱点,确保能全面地看待该想法。"

"有道理,"麦琪说,"克里斯蒂娜,这么做是不是在为难别人?你是怎么看的?"

"感觉还不错,"克里斯蒂娜回答,"我不想打压这些想法,我也知道人们正在努力地发挥创造力。有时候我只是觉得需要提醒他们可能在推理中漏了某些东西。我只是想让天平更平衡而已。"

克里斯蒂娜团队的设计师们看上去有些尴尬。克里斯蒂娜笑着说:"没关系!我们能够解决这个问题。需要做什么来改变这个平衡呢?我需要大家的帮助才能完成所有设计工作！大家也不愿意等我来告诉你们接下来要做些什么。在今天的站会后，为什么大家不聚在一起，通过头脑风暴产生一些方案呢？麦琪，你能帮我们吗？"

会议结束后，麦琪帮助克里斯蒂娜的团队了解到，虽然克里斯蒂娜的判断力有时会运用过度，但是整个团队的判断力不会如此。大家都可以进行团队合作。有了这种新的意识后，克里斯蒂娜的团队决定在设计过程中采取更频繁、更提前的方式进行协作，在更早期的阶段分享想法。克里斯蒂娜也同意将有意识地权衡利弊，更为全面地评估一些想法。"我将用自我规范来控制判断力和好奇心！"她笑着说。

克里斯蒂娜和团队安排了每周一次的设计头脑风暴会议。在会议中，他们共同检查可交付成果和设计挑战，共同创建原型，并测试想法。团队开始创建更多原型，以便更好地了解哪些想法有效，哪些想法无效。试验、学习和适应已成为他们日常工作中的一部分。

性格优势聚集效应和危险的群体思维

优势运用不当的另一种方式可能是团队中性格优势的集中或缺乏。在第5章中，麦琪与团队合作建立了自身的综合优势。她运用每个团队成员的前5种性格优势，形成了团队的显著优势。

注意：还有一种方法是创建有定义的优势清单，并要求每个人确定自己的前5种优势。尽管这么做不如在线评估准确，却是让人们参与并开始对话的好方法。它可以与非正式优势结合运用。人们可以彼此看到各自的显著优势。有很多方法可以用于合并结果，以及将自我认知与他人认知进行对比。

如第5章所述，麦琪团队的情况看上去和表6.4类似。

表 6.4　团队性格优势统计

性格优势	总数	性格优势	总数	性格优势	总数
创造力	23	好奇心	17	判断力	11
好学	12	洞察力	6	勇敢	12
毅力	26	诚实	33	热情	7
爱	31	善良	29	社交智能	12
团队合作	30	公平	30	领导力	18
宽恕	4	谦逊	6	审慎	13
自我规范	8	欣赏美和卓越	17	感恩	7
希望	18	幽默	17	灵性	11

从表中可以看到（表中列出了一个80人团队中每个成员的前4~5种优势），该团队的显著优势是诚实、爱、公平、团队合作、善良和毅力。通常，只有诚实、公平、毅力这3种性格优势经常在工作场合出现。

排名最靠后的性格优势是宽恕、洞察力、感恩、谦逊和热情。

与个人一样，团队也会过度运用性格优势，也会对不太常见的性格优势运用不足。如果许多人具有共同的显著优势，那么他们往往会"聚在一起"并排斥他人。他们会以类似的方式解决问题或任务，而不太包容其他没有共同优势的人。

树立包容的榜样，邀请持有不同观点的人发表看法，鼓励志趣相投的小组收集和分享证据以支持他人的观点，是克服团队过度运用其最普遍性格优势的方法。

你在团队中看到了性格优势聚集效应吗？会有什么后果？

通过性格优势探索团队的内心和思想

在下次会议上，麦琪询问小组成员对性格优势的看法，特别在冲突方面。

克里斯蒂娜说,她为团队的进步感到非常高兴。他们合作得很好,也做了很多工作。

"当发现自己妨碍了团队的进步时,我就会有点不安,但从优势的角度来看确实有帮助。每个人都重视批判性思维,所以我不觉得自己缺什么,也没有距离感,只是需要多一点平衡而已,大家也是如此。我们可以一起解决问题,而不是一个人解决问题。这种感觉真挺好!"

本问:"整个团队呢?在上一次会议上,有人说团队中具有宽恕或谦逊性格优势的人并不多……"

"显然,我们当中有些人不在乎!"杰克逊笑着说,他还记得亚利桑那的反应。

"但是,我们确实具有诚实、爱、善良和公平的性格优势。"本继续说,"这对团队来说意味着什么?"

麦琪问:"你们是否同意团队的性格优势综合评估结果?你们了解性格优势已经有一段时间了。你们认为这些评估结果是否准确?"

"是的。"马克回答,"很准确!就像以前公开的个人评估结果一样,大家变得更加真实了。实际上,这真的很好。我们都找回了自己。"

艾普莉点头说:"我完全同意。我真的感觉到团队紧紧团结在一起,不仅和这里的同事,也和海外的同事更好地开展了合作。他们感觉到了更多的联系。我想,海外团队也具备爱和善良的优势。"

麦琪说:"查看团队整体情况的一个好方法是从两个维度进行思考——内心和思想优势及人际关系和内省优势。"听到这里,大家看上去有些困惑。

麦琪解释:"听上去有点复杂,但实际上不复杂。这个方法是根据人们与他人相处的程度来衡量性格优势——人际关系和内省的性格优势,以及人们

第6章 当性格优势成为障碍时

'独处'的程度来衡量性格优势——内心和思想的性格优势。另外的考察方法是考虑性格优势与情感（内心）或理性（思想）的关系有多密切。在每种性格优势与这些维度的关系方面，已经有很多研究成果。这里有一张表（见表6.5）。灰色部分是团队中最普遍的显著优势。在这种情况下，团队具有很强的人际关系能力，并且在身心方面都具有很好的平衡，这对于团队来说是一个很好的起点。我们已经讨论过，性格优势没有好坏之分，也没有哪个组合比另一个更好。在团队中，绝对平衡是不可取的。但是我认为，了解我们的团队优势如何组合在一起，对于理解团队的动态及确定重点关注的领域以确保团队有效合作非常有帮助。"

表6.5 性格优势的维度

	内心和思想	人际关系和内省
美德：智慧		
创造力	内心（轻微）	内省（强烈）
好奇心	内心	内省（强烈）
判断力	思想（非常强烈）	内省
好学	思想（轻微）	内省（强烈）
洞察力	思想	内省
美德：勇气		
勇敢	思想（轻微）	内省
毅力	思想（强烈）	人际关系（轻微）
诚实	思想	人际关系
热情	内心	内省
美德：仁慈		
爱	内心（强烈）	人际关系
善良	内心	人际关系
社交智能	内心	内省（轻微）
美德：公正		

续表

	内心和思想	人际关系和内省
团队合作	内心	人际关系（强烈）
公平	内心（轻微）	人际关系
领导力	内心	人际关系
美德：节制		
宽恕	内心	人际关系
谦逊	思想（强烈）	人际关系（强烈）
审慎	思想（非常强烈）	人际关系
自我规范	思想（强烈）	内省（轻微）
美德：自我超越		
欣赏美和卓越	内心（强烈）	内省
感恩	内心	人际关系（轻微）
希望	内心（轻微）	内省（轻微）
幽默	内心（强烈）	人际关系（轻微）
灵性	内心	人际关系（轻微）

大家看了看表，有些人仍然有些困惑。

麦琪继续说："在这张表中，我根据内心和思想的平衡及内省和人际关系的特点标记了每种性格优势。这是根据对大样本的统计分析得出的。内心和思想维度衡量性格优势与自身情感（如爱和感恩）或理性（如判断力和审慎）相关的程度。内省和人际关系维度衡量的则是性格优势与他人相关（如爱和善良）或独立于他人（如好学或好奇心）的程度。

"团队的性格优势充分体现了团队文化。正如从表中灰色部分看到的那样，该团队的人际关系优势很强，而内心和思想优势则相对平均。"

艾普莉说："这确实体现了团队高度协作和支持的行为。我认为这对团队来说是积极的，尤其在团队形成和建立文化的初期。"

本说："但是，某些性格优势的集中度过高也会带来一些弊端。它将如何阻碍我们？"

克里斯蒂娜看上去若有所思，说："我们会受群体思维的影响。"

"那该怎么办？"麦琪问。

"运用自己的判断力。"克里斯蒂娜笑着说。

"还有呢？"麦琪又问。

马克说："我想我们可以招募新成员加入团队，通过他们重新平衡团队的性格优势，这样就可以防止不利的情况出现。不过，在新人加入后，又对团队重新评估和审查，这样不太好！"

麦琪说："我同意，总是评估和审查，的确让人感觉不太好。我们也正试图通过欣赏的眼光看待团队资源。只要我们留意整个团队中优势运用过度和运用不足的陷阱，具备一些优势而没有另一些优势也不是一件坏事。我们还能做什么呢？"

杰克逊接过话茬："好吧，在之前的一次会议中，我们谈到了专注于为团队培养幸福优势。我们或其他团队成员为什么不能集中精力培养一些次要优势？"

"有点意思，"马克说，"我们运用了前5种优势，是因为5种是我们所具备显著优势的基数吗？"

"是的，研究表明我们都拥有4~7种显著优势。对于大多数人来说，5种是最常见的。"麦琪同意马克的说法。

"有些人有5种以上的显著优势。在他们的优势清单中，也许下一种性格优势才是我们更想要的。例如，当我们提到宽恕排名较低时，虽然我没在会议上提及它，可是我的第6种优势就是宽恕。我们当中可能还有其他人可以用洞察力提供帮助。我认为洞察力和判断力能真正帮助我们，确保我们不会过度运用某些优势，做出正确的决策或达成共识。"

小组继续讨论，发现他们当中没有人在前10种优势里有洞察力。

"我们不得不向团队寻求帮助啦！"艾普莉说。

大家同意在下一次站会上再次关注性格优势的聚集效应，并讨论洞察力的必要性，确保团队优势均衡并朝着良好的方向发展。后来的讨论非常成功，不少于5个人说，洞察力优势排在他们的第6或第7位。他们都说，只要有需要，他们就会乐意提供洞察力。

项目经理小组认识到，作为一个整体，他们仍然缺乏洞察力优势。因此，他们承诺，在会议期间，特别与海外团队进行视频会议时，要寻求洞察力优势。

麦琪和她的团队很高兴地一起提出了解决方案，避免整个团队中某些性格优势的过度运用和运用不足问题。

当个人的性格优势发生冲突时

还有一个问题是当个人的性格优势发生冲突时怎么办。这种冲突可能发生在同一个人身上，两种性格优势互相掣肘，导致人们束手无策和优柔寡断。

在一次会议中，团队讨论了该问题。麦琪描述了自己亲身经历过的性格优势冲突的情况。

"在一次小组讨论会上，我担任主持人，当时就有这个体验。我的3大优势是公平、好奇心及欣赏美和卓越。会议最后进行小组问答，每个小组成员有10分钟发言时间。最后一位发言者恰巧是该领域中一位非常知名的人士。当他的10分钟发言时间所剩无几时，我发现他显然还没有打算结束发言。我的公平使我下定决心让他遵守约定的时间。这很公平——其他人的发言也同样很有感染力，观点也很新颖。但我的好奇心却驱使我继续听他分享的内容。我对他的技能和知识的欣赏增强了我想听到更多内容的渴望。听众肯定有同感，最好能顺其自然。站起来宣布发言时间已到是需要勇气的！我通过洞察力和判断力展现公平，并确定这位发言者和所有其他发言者一样，都有更多的话要说，所以宣布时间已到是正确的。当我正要举起只剩1分钟告示牌时，发言者注意到了我的不安，马上表示他该结束发言了。感谢他的社交智能，也感谢他的公平！"

马克说："凭着领导力和毅力，我注意到了这一点。有时候，我认为需要让团队改变方向并朝着不同的方向前进，因为我们所做的事情并没有产生想要的结果。同时，我又感觉到我们放弃了原先的方法。这让我想到了'赔了夫人又折兵'这句话。一旦对某件事做出承诺，就很难放手。"

本补充："是啊，我也看到了希望和审慎发生冲突的情景。我看到了希望之路，于是充满希望，甚至有些激动，相信我们一定会到达那里。但是我的脑海里会有些杂音——'不要那么快！你确定你和团队可以实现这一目标吗？'通常这真的很管用，因为我要用证据支持希望。我停下来仔细查看。不过，有时候，我陷入了'一切都会好起来——不，那不会发生'的循环，令我无法前进。"

"听起来像优柔寡断，"克里斯蒂娜评论，"还记得我们以前谈论过这个话题吗？"

当团队的性格优势发生冲突时

麦琪和团队讨论的情况也会在其他人身上发生。不难想象，麦琪讲述的情况时有发生，主持人运用公平和判断力使事情正常运行，但也会受到好奇心和欣赏美和卓越的影响。

认识和理解同事的性格优势大有裨益，也是预防或缓解优势冲突和矛盾的最简单方法。当你看到团队成员拥有的显著优势，但又意识到他们有时会对自己的优势运用过度或运用不足时，你就有机会缓和局势，甚至能够更好地防止冲突发生。在安迪·克罗的著作《阿尔法项目经理》中，干系人和项目经理都强调：最重要的是预防冲突的能力，而不是在发生冲突时化解冲突的能力——尽管这也是一项有用的技能！通过充分了解团队成员并预测这些冲突可能在何时何地发生，我们就可以预防冲突。

麦琪的团队中有一位成员——安德鲁。他说，虽然他不擅长团队合作，但他有幽默这一性格优势。而且，正如我们所看到的，团队中许多人的诚实优势排名靠前。一些人以为安德鲁说的是真的，但其他人都知道安德鲁在开玩笑。高度诚实的团队成员勒西、克里斯蒂娜和欧文会询问安德鲁，他是不是认真的，而安德鲁则需要付出额外的努力澄清他在开玩笑。

性格优势冲突会瞬间发生，当我们回顾第5章中提到的团队角色时，感觉就会更加明显。创意生成者的创造力和领导力可能与执行者的自我规范和毅力冲突，信息收集者的审慎和判断力可能与决策者的热情和勇气冲突。

到了这里，你已经熟悉性格优势的基本知识了。你也能将自己置身于不同情景中，灵活运用大多数优势。你也可以联系有你想要的性格优势的朋友，这些做法都能带来成效。与所有事情一样，熟能生巧，所以今天就开始发掘性格优势吧！

性格优势并不是唯一的主题。在第6章中，我们将讨论一些其他主题，如计划方式、学习方式及项目经理的主要职责和沟通。

表6.6针对表6.3中的性格优势运用情景提出了一些建议。如果一直练习如何发现优势，你就能在这些情景中看到其他优势和机会。

表 6.6　优势运用过度问题总结

情景	优势运用	机会
设计部门的一个负责人负责审核和批准某 IT 开发项目中成员提出的设计建议。每次有新建议提出时，他都会罗列该设计建议无用的所有理由，并反馈给建议者。团队成员开始避免提出建议，团队的创造力开始枯竭	这可能是设计负责人过度运用判断力，也可能是同事未充分利用相同优势。也可能是设计负责人审慎过度，对设计建议小心翼翼。缺乏团队合作可能使设计负责人过多地担任领导角色，也避免与同事合作。判断力或批判性思维本质上是对积极和消极可能性的权衡。当团队成员以积极的方式（"这将奏效"）提出想法时，设计负责人觉得自己有责任提出反对意见	在这种情况下，应帮助人们理解全面考虑问题的重要性，提出问题而不是做出判断，因为它鼓励了早期的团队合作。设计负责人可以随着想法的形成提供积极和消极的见解。在小组中鼓励想法和头脑风暴，接受尝试和失败，适应需求变化，都有帮助。另外，鼓励运用创造力和判断力生成创意，使创意更可行，也是有效的方法
在团队会议上，团队成员提出许多推动市场营销的创意。创意很多，但当会议结束时，大家却不知道谁将负责下一步或下一步该做什么。项目进展缓慢，无法达成预定交期。下次会议时，大家又在重复该过程，只是新创意更多了	在这种情况下，创造力和好奇心（"如果我们这样做会怎么样？"）比比皆是，并且精力（热情）也随着想法的提出应运而生。正是缺乏领导力、审慎和自我规范，才导致无法对想法优先排序及制订和实施计划	这是应用情景领导力的绝佳机会，团队成员轮流根据他们的专业知识和负责的主题领导决策过程。对于团队成员（也可以是项目经理）来说，这也是一个机会，可以运用审慎，并确保将想法转变为具备时间表和责任人的实施计划。此外，团队可以通过培养协作意识和团队合作完成任务。这也是一个制订明确指导方针的机会，包括何时考虑新想法及何时不再需要创造力（领导力）

量身定做

1. 作为项目经理，你运用过度或运用不足的性格优势有哪些？
2. 你周围的人对此感受如何？
3. 你的哪些性格优势会发生冲突？
4. 你的性格优势与他人的性格优势是如何发生冲突的？

成功策略

满怀希望　树立榜样可以增强团队意识。

保持坚强　当你过度运用某种性格优势时，就要小心。

勇敢前进　当你发现他人过度运用性格优势时，请告知他，因为人们通常意识不到自己的问题。

充满好奇　探索同事之间的冲突。鼓励他们积极地看待性格优势，找到应对措施，解决冲突。

第7章

当出现其他问题时

团队中有很多挑战，也有很多冲突，预见和预防冲突要比消除冲突更容易。

学习重点

1 / 了解计划方式。

2 / 了解学习方式。

3 / 关注计划方式和学习方式中的语言。

4 / 了解与干系人交流项目信息的新方式。

我们要运用成长心态、欣赏式探询、影响力、性格优势等工具建立团队中的沟通和欣赏。仅仅通过性格优势来理解冲突还不够。

当出现其他问题时应如何处理

导致甚至加剧冲突的原因有两个，一是我们认知和规划活动的方式，即计划方式；二是我们认知和处理信息的方式，即学习方式。

计划者有四种类型。第一类计划者俯瞰全局并朝着全局迈进，但未能深入了解这一过程的所有步骤。第二类计划者将计划视为一系列里程碑，却不制订详细计划来实现这些里程碑。第三类计划者将实现目标的工作分解为具体步骤。他们也许会、也许不会俯瞰全局，重点是细节。第四类计划者聚焦在行动上，他们往往从采取行动开始，然后随着进展做出相应调整。

我经常听到项目经理抱怨团队成员无法准确地将一个大型项目分解到单个任务层级。他们无法识别全部任务，也无法准确估计每项任务将花费多长时间。一些团队成员极力抵制计划，导致项目经理很难制订良好的计划。当然，如果在没有团队成员参与的情况下由项目经理自己制订计划，那计划将得不到认同，这么做也是错误的。如果你想获得明智的意见，就要向相关人员索取相关的信息、观点和经验！

我身边的大多数项目经理都很乐于管理详细的任务，也会在获得新信息时调整计划。他们不会像一些技术型的同事一样遭受"重复计划疲劳"。

还是年轻的项目经理时，我经常犯一种错误，就是认为别人会像我一样看待世界。我的项目愿景很像一张神经网络图，图中有相互关联的里程碑，当聚焦点落在这些里程碑上时，它们就会闪烁。有时候，项目愿景更像从太空看地球，里程碑就是那些亮点。

成长为一名成熟的项目经理后，我发现其他人并没有用这种"路径视图"的方式查看摆在他们面前的任务,这让我感到非常惊讶。对某些人来说,项目愿景更像一张地图,图中显示了起点(我们现在所在的位置)和终点,以及从起点到终点的路径。决策是在项目进展中不断做出的。

我逐渐意识到这一点:不同的人对项目愿景有不同的理解。于是,我开始探索个人或集体应该如何制订计划,以及不同的方式如何促进或阻碍一个项目。

没有计划的目标只是一个愿望

大多数项目经理都知道安托万·德·圣埃克苏佩里(Antoine de Saint-Exupéry)说的这句话。然而,这并不意味着每个团队做计划都很容易。下面以麦琪经历的一次规划会议为例。她对其他项目经理说明了这一点,也许你会认可其中的一些评论。

下面是麦琪的故事。

"房间里挤满了人,包括设计团队成员、质量保证团队成员、测试人员、编程团队成员及商业分析师,两个客户和几个其他干系人也在房间里。大家注意到发起人内森的缺席。他在会前告诉我,他不在乎细节,只想在制订计划后能够把握'全局'。我记得我曾经感叹过,一些发起人想知道每个小细节,几乎每天都要对计划进行审查,而另一些发起人一看到项目计划就目光呆滞,他们只想看目标和进展图,有点像教堂新建屋顶时,将筹集到的资金数额写在教堂外面。

"没想到的是,发起人内森最终来了。他用了5分钟向我们介绍项目。他介绍了公司的愿景,该项目如何实现公司和客户的愿景,客户是谁,项目结束时客户有什么体验,运营人员将如何因项目受益并改变工作习惯。在对未来做了清晰的展望后,内森说,'我希望这能使你们对公司的目的有所了解。我对你们寄予厚望。该项目会改变我们开展业务的方式，并使我们领先于竞争对手。'说完，他离开了会议室。"

麦琪继续说："当然，会议的目的是规划新项目。项目章程、范围文件、用户需求大纲、一个高技能团队和一些管理人员定出的里程碑已经有了，但是真正的计划还没有。

"首席商业分析师德瑞克首先发言，'这是我们需要交付的最终成果。'他在屏幕上投了一张幻灯片，并向我们展示了承诺交付给干系人和用户的成果清单。然后，他带着大家浏览了一些图片，以此说明他的观点。最后的图片代表用户网络，中间是我们的新系统。

"德瑞克说，'我不在意怎么实现，但我们必须实现这些目标，否则项目不会成功。我认为我们需要完成一些重大的里程碑，这样我们才能走上正轨。'

"我们的质量保证负责人本在这时插话，'一旦我了解了重要的里程碑，我们的团队就可以开始规划质量保证工作了。我的团队非常擅长根据总体目标制定详细的步骤。'

"'我们该怎么做？'设计负责人克里斯蒂娜问，'目标背后没有细节吗？'

"'我不知道，'德瑞克回答，'我认为你会帮助我们解决这个问题。'

"我们的编程团队看上去对计划一点也不感兴趣。其中一位说，'这对我们来说意义不大。只需告诉我们你想干什么及什么时候干，我们就会开始。'"

"那一刻，"麦琪说，"可以看到，并非所有人都用相同的视角看待计划。发起人内森似乎是一个定向计划者。他让我想起了埃隆·马斯克，他的

第7章 当出现其他问题时

目标是在10年内将特斯拉的规模做到6 500亿美元,更大的目标是到达火星!无须任何细节,只要朝着那个方向前进即可。

"德瑞克似乎已经将计划细化到一个更具体的层次,但并没有细化到任务层级,而项目经理往往想看到任务。他只确定了更低层级的目标或里程碑,这些目标或里程碑将使我们实现大目标。

"本是质量保证负责人,他的团队是任务计划者——项目经理们也是如此。这些人可以把目标分解成各个组成部分。他们可以制定工作分解结构。

"还有我们的程序员,他们是行动团队!他们是这样的人——'给我们下一组任务,我们稍微放松一下,就会开始工作'。当他们可以继续做事情并随着进度调整时,就会感到最舒适。"

"根据团队的情况,"麦琪解释,"我决定将规划工作分成几个阶段。一些关键的团队成员可能不得不用一种并非首选的方式工作,但整个团队不必经历将计划从最高层级分解为细节的痛苦过程。根据我的经验,没有人百分之百依靠一种计划方式。因此,人们在短时间内采用不同的工作方式并不太难。

"通过让人们参与制订正确的计划,我们少了很多紧张和沮丧。没有什么比不参与的人更具破坏力!

"我们的设计负责人克里斯蒂娜非常善于将目标转化为任务,并很高兴与目标规划人员如商业分析主管安德鲁,以及任务导向型人员如项目经理马克和质量保证负责人本制订详细的计划,这对确保我们朝着指定的里程碑和总体目标前进至关重要。"

"最后,"麦琪说,"我组建了一个计划评审小组。小组成员包括我,还有些以行动为导向的团队成员,主要是程序员,以及干系人丹尼,他非常喜欢分析细节而不是构建细节。丹尼会告诉大家,如果一个可交付成果和另一个可交付成果之间有业务依赖性，就需要考虑可交付成果排序的合理性。"

以上是对计划方式的简短回顾，旨在鼓励你考虑哪种计划方式对你的团队成员来说是最合适和最有效的。每个人都有不同的计划方式，这一认知有助于项目经理建立社交智能，这也是很多项目经理欠缺的难以捉摸的性格优势。

你是如何制订计划的？以我的经验，项目经理通常以任务和行动为导向，有时会看不到全局。这么做会导致过分强调是否完成了可交付成果下的细节任务，而未能关注是否准时交付了成果。

麦琪与马克经历了任务导向的挑战。

他们的团队在5月31日（下周五）有一个可交付成果，该可交付成果中有6个独立的组件。没有其他5个组件，交付任何一个组件都没有意义。团队在制订计划时，无法准确判断应该先完成哪个组件。按照公司项目管理标准的要求（每个任务不超过8小时），他们将组件编为1~6号，并将其放进本周五到下周五的任务列表中，每天交付一个组件。最终，本周五交付了组件1和组件3；下周三交付了组件2和组件6；按照计划，在5月31日，团队将组件1~6作为功能件交付给了消费者。

尽管团队按时交付了完整的可交付成果，有时也称最小可行产品，但是马克仍将该项目评价为不符规定及进度延误，报告给了麦琪，理由是未能在计划中规定的时间完成相应组件。值得注意的是，团队在该项目中按时完成了可用的可交付成果，没有用到额外资源，也没有花费额外时间，只是调整了可交付成果的顺序而已。

以任务为导向的计划和执行真的出了问题！

制订沟通计划

计划方式也直接影响沟通需求。理解人们的计划方式可以帮助我们了解他们是如何获取信息的。用一页幻灯片将项目进展告诉发起人，他可能更满意。商业分析师希望查看包含已完成目标、下一个目标、有风险目标的清单。最出色的项目经理擅长沟通和关系管理。了解人们对项目的不同看法有助于你定制与他们的个性化沟通。

以下是一些将沟通与计划方式进行匹配的建议。当然，个体有其喜好，我们仍然需要与他们确认需求。例如，某个愿景型计划者喜欢用他的方式进行计划，也希望在下一级分解结构（里程碑或主要目标）中看到量化的进度信息。

- 愿景型计划者，代表人物：发起人内森。这些计划者要求简短的报告，列出落实组织目标的项目清单，报告目标的落实情况，提供中期交付成果，度量整个项目的完成程度，从而为组织的整体方向提供早期信息。他们还要求汇总风险和问题，以及反映任何重大进展或障碍的报告，如果他们参与了解决方案开发，就更需要这些信息。愿景型计划者认为项目经理应该负全责。他们对从事任务、问题或风险工作的个体不太感兴趣。

- 里程碑型计划者，代表人物：商业分析师德瑞克。这些计划者进行适当的沟通，包括目标清单、每个目标的达成进度、所有已达成的目标及风险和问题汇总，重点突出最紧迫的问题和风险，并提出解决方案或减轻措施。里程碑型计划者比愿景型计划者考虑更多的细节，但仍然与里程碑有关，而非任务层级的细节。

- 按部就班型计划者，代表人物：设计负责人克里斯蒂娜和项目经理马克。这些计划者专注于给定时间内的任务清单，该清单显示了已完成任务（如过去两周）和未完成任务（如未来两周）。在档案中保留已完成任务的清单，以及便于搜索的未完成任务的清单。如果可能，也要统计已完成任务和未完成任务的总数。该报告比其他报告更长。有关风险和问题的报告则更为详细，每页都有问题或风险性质的详细介绍及解决方案或减轻措施的详细信息，包括责任人。

- 边做边改型计划者，代表人物：程序员和干系人丹尼。这些计划者对团队刚刚完成的工作不怎么感兴趣，而对正在进行的工作及即将要做的工作更感兴趣。他们要对所有风险或问题采取行动，这一点需要强调。

作为项目经理，我们需要考虑所有计划方式和信息处理方式。而且，尽管许多人喜欢任务导向型的计划方式，但我们仍然要考虑干系人的计划方式。这也是与干系人互动的内容——用他们感兴趣的方式沟通。

学习方式："我需要的不是笔记，而是记笔记这个过程"

在简要探讨了计划方式及如何呈现计划的一些示例之后，我们来看一下学习方式。学习方式对我们合作的方式、知识和信息传递的有效性及相互理解的程度会产生重大影响。

学习方式的类型有很多，每个人通常都有不止一种适合自己的方式。有个有用的模型，就是将学习者分为视觉型、听觉型和动觉型。即使这个简单的模型，也能帮助我们认识到，对一个人有效的沟通方式可能对其他人无效。

团队成员有多种汲取信息的方式，称为学习方式。有些人是视觉型学习者，喜欢看新的信息；有些人是听觉型学习者，喜欢听别人讲解；还有一些人是动觉型学习者，需要通过操作、绘画、涂鸦和试验才能学习新知识。

麦琪发现德瑞克在会议期间做了很多笔记。一天，她问德瑞克怎么处理这些笔记。德瑞克回答:"我把这些笔记放在抽屉里,没有地方放了,就把它们扔掉,为下一本笔记腾出空间。我很少看这些笔记,我需要的不是笔记,而是记笔记这个过程。"

这就是动觉学习的一个例子。做笔记的动作帮助德瑞克理解和记住告知或展示给他的一切信息。与计划方式一样,我们并不是百分之百地局限于一种学习方式。听别人演讲(听觉)和看本子上的笔记(视觉)等行为也有用。但是,德瑞克掌握大量信息的关键是记笔记。这种信息处理方式对团队成员之间的联系和沟通有重大影响。

开始担任项目经理时,我对学习方式一无所知。如果有人问你的学习方式,你怎么回答?你是视觉型还是听觉型学习者?也许像著名的舞蹈家和编舞家吉莉安·林恩一样,或者和艾普莉一样,你可以通过触碰、动手和移动等方式学习。

艾普莉讲述了她的经历:"在项目经理职业生涯早期,我就用图形演示项目进展。我会制作各种有关状态、风险、问题和测试的文档,并且很乐意在项目状态会议中与人们讨论信息。我一直很喜欢活动挂图和彩色笔,也喜欢用站立、绘画或书写来解释某些东西。当我参加会议并看到一组图和其他表现形式时,我总是要求他们提供数据或支持文件。我喜欢提前阅读资料,当有人创建动态视觉效果时(再次回到活动挂图和彩色笔),我就会将阅读到的材料与他们想要尝试的整体视觉效果联系在一起。我最喜欢的是先阅读,然后他们一边讲,我一边在纸上随意涂画。我也经常使用思维导图。虽然对其他人来说这么做没有什么意义,但对我来说这个过程却意义非凡。不过,我通常不会再回头看这些东西了!"她笑了。

麦琪在一次项目经理会议中讲述了类似的思维过程:"我的一种思维习惯是,在团队合作之前,我会自己仔细考虑所有的事情。请不要误会我的意思——我喜欢团队合作，但是在与其他人一起坐下来并探讨解决方案或计划之前，我需要一段准备时间来加深对主题的理解。

"如你所知，我经常被邀请参加解决问题的小组会议。有一次，我被告知，待解决的问题要等我们到达会议室后才能揭晓。有人告诉我们，这么做的目的是创建一个公平的竞争环境，防止参与者在大家进行头脑风暴和展示之前就有一个先入为主的解决方案。那次会议从早上9：30开始，持续了一整天。大家的讨论很热烈，可我一反常态地安静，因为我自己要先进行一次头脑风暴。"

"你会安静？！"马克笑着大胆地反问。其他人也跟着笑了。麦琪对小组在短短几周内发生的变化感到满意。

她继续说："然后，我们评估了创意清单。我又一次保持了沉默。有那么一两次，我发现有些同事迷惑不解地看着我，因为以前在这类会议上我不会不发言。最后，当天下午5:00，我们结束了会议。对我们做出的某些决定，我感到浑身不自在，但是我无法说出是因为什么，也无法依靠直觉来挑战团队。我看到有两三个同事也同样有些不舒服。

"当我边思索边走向汽车时，我的上司走到我跟前，问我一切还好吗。尽管他的语气平和，但我看出他有些沮丧。我告诉他，我感觉像参加了一次没有准备的会议一样。他回答，他们想要'新思路'和'拒绝先入为主'。他再次提到了希望每个人都在一个公平竞争的环境中发表意见。他还说，他一度希望我做出更大的贡献。

"我在开车回家的路上回想着会议、问题及提出的解决方案。大概到了回家行程的2/3时，我的思路变得清晰起来，一整天各种各样没有意义的事情似乎浮现在我的眼前。我终于可以阐明我对解决方案的看法，并且能够识别我们曾忽视的一些风险。到家后，我写下了自己的疑虑，并于第二天将其带给我的上司。尽管很高兴地接受了我的建议，但他看起来仍然有些不解，想知道为什么我没有在会议上提出这些问题。

"对我来说，有几个因素在起作用。我是一个独立型学习者，需要时间处理信息。为了成为最好的贡献者，我需要在小组会议之前就独自思考这个问题。

"我也是一个社会型学习者。作为项目经理，我希望得到团队的输入——在参加问题解决会议之前挖掘他们的专业知识以增强我自己的知识储备。

"在问题解决会议开始时，绝大部分数据是用图形和表格呈现的。对我来说，这些数据所传递的信息并不能被我快速理解。我希望在参加会议之前先读点东西，以便理解背景。

"最后，我发现自己很难将创意生成与评估分开，这意味着经典的头脑风暴方法对我而言效果不佳。我想得到一个创意，然后逐步付诸实践——甚至理论上也是如此（有意思的是，最新的研究表明，旧的头脑风暴工具远不如将创意生成与评估相结合的方法）。

"项目经理要更加关注人们获取信息的方式。人们传递和理解创意的方式各异，这也是造成摩擦的原因之一。项目经理能够意识到每个人都用自己的方式处理信息，也是一个好的开始。

"大家可以开始提出更多问题，如'什么能帮助你更好地了解我们正在讨论的内容'或'我如何帮助你对此有更好的了解'。光是这些问题就足以开启讨论了。虽然大多数人无法清晰定义自己的信息处理方式，但是大多数有经验的工作者都能告诉你，他们希望用什么方式接收新信息。"

避免冲突的基础：沟通及联系

项目经理的一项主要任务是沟通管理。在项目开始时，我们与干系人一起就沟通计划达成一致。用什么方式沟通、何时沟通及沟通对象有哪些？这些都是制订沟通计划时要回答的问题。我们运用状态会议、电子邮件更新、控制板、关键绩效指标和个人简报让大家了解项目的处境、进展、方向及面临的挑战。

在以往，该工作相对简单，通常也能够管理干系人期望。但是在信息时代，对"你希望何时更新项目进展"这一问题的回答往往是"任何时候我都要"或"现在就要"。将干系人框在特定的时间范围内会降低沟通效率，也会降低他们的满意度。如果不设定时间框架，项目经理就会成为弹球机中的"弹球"，天天从一个干系人跳到另一个干系人，为他们提供量身定制的即时更新。

麦琪和她的团队都面临这一挑战。信息共享造成了很多"痛苦"，随着团队规模及其分布范围扩大，这种"痛苦"尤甚。项目团队表示，他们很难跟踪每个人在做什么、提出了什么问题及每周的进展情况。

当询问他们希望如何接收信息时，结果有些令人惊讶：他们希望在墙上看到信息，而且所有地点的人都同意这么做。

麦琪和项目经理们因此建了信息墙。这是一面挂满活动挂图的墙，可以取下并更换每张挂图。每张挂图都有特定的目的。根据团队的建议，他们设立了以下主题。

- 最近的事件和成就。
- 想感谢的人。
- 测试事件。

第7章 当出现其他问题时

- 关键日期——所有办公地点即将到来的假期、关键人员的假期、产品发布日期等。

- 里程碑。

- 问题——任何人都可以在上面张贴遇到的挑战或问题的详细信息。

- 反映错误编号和纠错的图。

在每个办公地点，大家根据需要，自主更新这些挂图。在美国办公室，大家的笔迹非常整齐，挂图看上去像艺术品！志愿者每天将这些挂图拍照，将它们共享到信息平台上，然后通过电子邮件发送到其他办公地点，以便汇总所有办公地点的更新信息。

不仅项目团队喜欢这种方式，干系人也很喜欢。如果有人来晚了，就可以在办公室查看信息墙并获得所需的信息。在开会途中，也可以快速浏览一下信息墙。在美国办公室，麦琪发现人们聚在挂图前，检查正在发生的事情。其他团队对这种做法也表示欣赏。

麦琪早上到达办公室时，经常会在"问题"挂图上发现新的便利贴，有时是问题，有时是提问或建议。无论是什么，团队都会逐一审查。

麦琪有所耳闻，团队成员说他们的消息更灵通了。信息墙并不完美，也不可能绝对完美，有些看似不值得在墙上呈现的信息后来却变得非常重要。但总体而言，许多人认为信息墙起到了很大的作用，使大家更容易获得信息。

当然，这种方法并不能取代所有项目沟通方式。麦琪还要每周为高级管理层提供一个项目状态仪表板，也要定期发送和更新会议的电子邮件，但是大家的临时信息需求却因此大大减少了。团队认为信息墙可以帮助他们更好地了解正在发生的事情和即将发生的事情。

麦琪尝试的另一个方法是视频更新。许多干系人都希望对项目状态仪表板进行更个性化的解释，但是与他们预约会议时间并不是件容易的事情。麦琪准备更新幻灯片，然后将其录成视频。之后，她用电子邮件将更新发送给任何想要的人。视频也存储在团队的内部网站上，可以轻松地将视频链接发送给任何想要获取信息的人。

最初，麦琪觉得录制视频有些令人生畏。过了一段时间，她习惯了这么做，发现录制视频通常比写一封包含所有相关信息的长电子邮件（可读性差）来得更快。她也不过分策划或过度编辑视频，只希望让视频合用。麦琪认为她与干系人建立了更好的联系，还改善了与海外团队成员的信息共享状况，他们可以在方便的时候观看最新情况。录制视频是一种能够传达大量信息的简单、快速且个性化的方式。

运用各种各样的信息共享平台确实有助于让团队和其他干系人参与项目，并激发他们的潜力。它确保了尽可能多的干系人用他们最易获得的方式接收信息，并减少了由沟通不畅、误解和信息不对称等因素导致的摩擦。

利用你的影响力：树立榜样

正如我之前提到的，你能够做到的最有价值的事情之一就是强化对周围的人的个人偏好的认识，并开始积极考虑它们。询问团队成员如何处理信息、如何做计划及如何接收信息，并让他们互相询问。包容不同的计划方式、学习方式及沟通渠道，团队成员也会慢慢适应这么做。如果你能够积极鼓励他人探索和理解计划方式和学习方式，那就很好；如果不能，你仍然可以建立自己的知识和意识，避免想当然，形成有效的方法，从而让你的团队受益。

与本书中提到的所有内容一样，我从欣赏的角度看待一切。每种计划方式都有自己的特色和位置。每种学习方式或信息处理方式也都有其应用场景，能够对整个团队有所贡献。每种沟通方式也都有其优点。当学会理解同事的计划方式和学习方式时，我们就会为他们留出一定空间以做出更多贡献，让他们更加投入和感到满足。我们为每个人提供空间来展示、参与和贡献。此外，我们还要消除一些冲突因素。

量身定做

1. 团队最常用的计划方式是什么？
2. 团队最常用的学习方式是什么？
3. 你是如何获取新信息的？
4. 性格优势、计划方式和学习方式如何对沟通需求产生影响？
5. 你可以尝试采用哪些沟通渠道，让团队更及时、更有效地传播信息？

成功策略

满怀希望 采用不同的计划方式和学习方式，充分利用各自的性格优势制订合理的计划。

保持坚强 用多种不同的方法进行沟通，包括不同的格式、不同的细节水平和不同的沟通频率。

勇敢前进 与团队成员一起探索计划方式和学习方式。

充满好奇 向团队成员询问他们的计划方式和学习方式。即使他们不知道如何回答，讨论也会令你们有所收获。

第 8 章

形成项目激励者的闭环

满怀希望！保持坚强！勇敢前进！充满好奇！给予激励！

学习重点

1 / 如何利用希望保持对项目目标的关注。

2 / 如何利用性格优势与团队的内在动力建立联系。

3 / 勇敢面对脆弱的人如何建立融洽的人际关系，扩大影响力和确保信任。

4 / 好奇心如何增加知识并挖掘更多资源。

我们成为项目激励者的过程始于项目管理的以下三个领域。

- 项目经理的期望——由项目经理和其他人持有。
- 项目经理关于敬业度的知识和信念。
- 项目经理的显著优势和底部优势。

满怀希望

项目管理涉及沟通，考虑全局，规划实现目标的详细步骤，协调团队成员并激励他们完成任务。

项目经理认为敬业度是自身角色的核心部分。他们希望自己敬业，同时想知道怎样使别人更敬业。

项目经理普遍具有的显著优势是很棒的。排在最前面的是希望和好学。它们培养了成长心态，并增强了项目和团队的信念。除了这些优势，项目经理还可以通过树立榜样，有意地扩大影响力。

排在稍后位置的优势是审慎（与希望相反），在详细的计划中，审慎有助于确保目标达成和愿景实现。除了审慎，我们还要有欣赏美和卓越的能力，这使我们处于有利位置，可以去关注和唤起他人的性格优势和贡献。

希望能使你和团队始终专注于未来，并相信你和他们有能力制订计划以实现预期的结果。

我们确实有一个致命弱点，因为在项目经理性格优势中排名垫底的是社交智能。它并没有完全缺失——我们所有人都有一定的社交智能——但是作为团队的领导者和激励者，我们可能会发现，社交智能不足对我们的挑战是导致冲突和沟通中断。正如项目经理的性格优势统计数据显示的那样，社交智能是一种项目经理普遍具有的底部优势。这也可能是团队成员感觉被误解或理解不足的原因。

在性格优势的工具箱里排名垫底的还有洞察力。由于项目经理的关键任务之一是始终专注全局，因此洞察力非常重要。真正了解什么能激励我们的团队成员，他们喜欢如何计划及他们如何学习，会提升社交智能，使我们对他人的动机和感受更加敏感。

在成长心态的帮助下，通过利用性格优势和学习意愿实现有意识的欣赏，项目经理拥有提升社交智能和创建欣赏环境所需要的一切。在这种环境中，人们遵循白金法则，待他人如其所愿。注意计划和学习方式，创造多种信息共享的方式，增加包容和协作。团队成员将体会到归属感、认同感及他们为项目做出贡献的被尊重感。

保持坚强

如果你的团队很投入，很有成效，就不要改变任何事情。如果工作是有效的，就花时间观察什么有效，并了解为什么。注意到不同的团队成员带来了什么，并努力让他们更容易达到最佳状态。

看看你的性格优势在哪里出现，它们是如何帮助团队做到最好的，以及你的优势在什么时候受到阻碍。观察团队成员喜欢如何计划、如何学习，以及团队对错误和试验的态度。

如果你觉得团队可以有更多的联系、更多的参与、更高的效率和更强的动力，那么，通常情况下，可以尝试新的东西。不要害怕失败。从每次经验中学习，再重新开始。

你已经了解了麦琪的团队如何引入性格优势和普遍的欣赏意识，以及他们如何专注于让每个人都参与进来，并使信息共享变得有趣、多样和开放。

他们有意识地树立榜样，希望在他人身上看到同样的行为——希望、热情和好奇。他们关注自己的性格优势，包括有效运用性格优势的方式，以及运用不当的方式。

尝试新事物，看看会发生什么，然后学习和调整。作为项目经理，我们有我们需要的优势——对良好结果的希望和学习的意愿。我们也可以后退一步，用洞察力观察全局。你带来了哪些巨大的性格优势？它们都很强大，而正如你在第4章中看到的那样，没有什么神奇的秘诀可以瞬间起效。

寻找性格优势的一个好方法是跳出正式团队的局限。还有谁在支持项目和团队的成功？食堂里确保团队吃饱喝足的厨师、确保大楼安全的保安、确保办公室干净的清洁工——这些都是你外部团队的一部分。此外，其他团队的同事、其他部门的专家及客户都是洞察力和创意的重要来源。

我曾经有过一次经历：办公室清洁工建议重新布置开放式办公室。他解释了新的布局如何使清洁工作变得更容易，但我们很快就发现，这将帮助我们更好地利用空间，改善空间流动性。他的看法帮助我们改变了自己的观点。他的判断力帮助我们用新的眼光看待问题，创建更好的工作环境。

项目经理还应该鼓励初级员工投入。他们在专业知识和经验方面的不足，往往可以用聪明才智、好奇心和精力来弥补。也许有一天，这些初级员工中的某一个会成为CEO或其他高级人员，因为他的聪明才智和精力使他在公司中得到了晋升。在我的团队中，一些真正有创意的想法来自实习生，但我们却经常将他们排除在团队会议和头脑风暴会议之外。

勇敢前进

我们都很清楚，大多数项目经理并不是部门主管，也没有对项目资源的直线管理责任。正如第3章所讨论的，影响力是我们最好的朋友。树立榜样和欣赏可以建立影响力和信任。良好的沟通也能建立影响力和信任。我们的性格优势也有帮助。我们充满希望，热爱学习。我们不仅看到了未来的状态是什么，而且相信自己能够做到。我们有办法拿出一个计划来达成这个目标。一开始我们不知道的东西，我们会在这条路上学习。

麦琪之所以能赢得团队的青睐，一个重要原因是她愿意表现出脆弱的一面。她很早就承认自己不是一个专家，尽管这有可能不被团队接受。另一种选择是装腔作势，直到她掌握了所需的知识，但这对她的目的没有好处。这将限制她向团队提问的能力，使她更难学到需要的东西。很可能任何一个团队，尤其是诚信度高的团队，都会把她看成不真诚的人，可能不值得信任。为了有效地合作，我们还必须做好脆弱的准备。承认我们并不了解所有的事情，我们需要别人的意见，这可能会让人感觉不舒服，但团队成员更容易相信那些有足够自信的人，相信他们不需要了解所有的事情。而且大多数人都会欣赏真正的好奇心。所以，当有疑问的时候，就问吧。

充满好奇

你的团队和干系人具有丰富的知识、信息和性格优势。征求他们的意见和反馈是建立关系和获得有价值的观点的好方法。

麦琪的项目经理小组对团队中发生的变化持积极态度。他们似乎有更多的联系、更好的沟通，以及普遍增加的幸福感。而且，同样重要的是，有更多的成就感。但是，他们不愿意安于现状，希望从团队中了解事情的进展情况。

关于征求反馈意见的最佳方式，小组进行了大量讨论。是一对一的会议、小组讨论和访谈，还是调查？问题的内容是什么？如果反馈是负面的，小组会怎么做？杰克逊指出，不知道团队的感受并不会让事情变得更好。如果他们所采取的措施不奏效，他们最好能知道，然后计划一些调整的方法。麦琪提醒小组，他们不需要害怕失败。她说："我们一直在试验很多东西，其中一些很可能没有达到预期目标。这没关系。我们会从反馈中学习，并在未来做得更好。我们始终保持成长心态。我们充满希望，也乐于学习。我同意杰克逊的说法，我们无法处理我们不知道的事情。"

本、克里斯蒂娜、马克和艾普莉表示支持征求反馈，同时也表示忧虑。

"如果没有人响应，我们该怎么办？"克里斯蒂娜问，"毕竟，我们不能强迫他们接受调查。"

马克站出来说："我相信我们会得到好的回应。我想让团队知道我们把他们的成功和幸福放在心上。无论如何，看看有多少人参加了性格优势评估！"

本补充："如果响应率很低，我们可以考虑其他方式来征求反馈。如果一种方式不奏效，我们就会尝试另一种方式，对吧？"

"对！"他们一起说。

麦琪与艾普莉一起为整个团队制作了一份调查问卷，涵盖的主题如下。

- 沟通。
- 参与决策。
- 工作与个人生活的平衡。
- 合作/士气。
- 实际工作环境。
- 压力水平。
- 对工作的认可。

- 运行良好的地方。

- 需要改进的地方。

- 项目整体经验。

调查的主要目的是看看团队是否敬业，是否所有成员都感到包容和欣赏。项目经理们还想知道他们的努力是否带来了幸福感。

由于在项目开始时并没有一个基准，他们无法衡量自己的进步，但大家都认为，通过调查还是可以了解到他们在哪些方面取得了成绩，在哪些方面有改进的空间。小组承诺对提出的任何问题做出答复，哪怕答复是他们不会处理这个问题并告知原因。

当然，这个调查并不是强制性的，因为如前所述，麦琪对团队中的任何一个人都没有直线管理的权力。尽管如此，还是有65%的响应率，这相对于大多数调查来说参与度是很高的了。根据《福布斯》的数据，通常情况下，响应率为30%~40%。

激动人心的是，小组证实，压力并不是一直很高，低压力和不同压力水平的分布维持均匀。麦琪初到项目时的调查数据表明，3个月前的压力水平较高，因此这一结果令人鼓舞。

几乎所有的受访者都说实际工作环境还可以或良好。几乎每个人都认为自己的工作至少在某些时候得到了认可。有趣的是，受访者强调的一个方面就是被认可，这也消除了麦琪的担忧，即有些人会感到被冷落或认可不合适。

结果并不完全是正面的，麦琪和她的同事也没有想到会这样。有一些问题是他们无法控制的；而让一些团队成员高兴的做法，却让其他成员感到不舒服。遗憾的是，你不可能一直取悦所有的人。在这样一个庞大的团队中，有时候一些团队成员的贡献可能会被忽略，就像有些团队成员可能高估了他们的工作对整个项目的影响一样。

但是，调查结果确实表明，在一个快节奏的潜在高压环境中，团队认为至少在大多数时间里事情都做对了。

随着时间的推移，团队中还有许多事情发生了变化。团队成员始终保持适应能力，认识到某些在项目或项目集的某个阶段起作用的实践可能以后不再适用，有些做法也会过时。团队并不害怕在项目的新阶段提出改变。

在团队内部及团队与干系人之间建设沟通渠道是一大重点。逐渐制订的一些沟通计划包括以下几种。

- 团队与干系人建立了焦点小组，在团队中讨论进展并展望未来。

- 在信息墙的基础上，团队不仅在内部，而且与任何愿意看到它们的人共享所有工作文件和文档，邀请大家提供反馈并回应。

- 团队与干系人组织午餐会和学习会，以便双方交换意见。这些活动被记录下来，并在内网上公布。

- 新闻通讯简报提供了一个论坛，以更新进展，突出个人成功事例，分享故事并表示认可。在一个项目中，新闻通讯简报每周发布一次。

- 在实施阶段，团队的详细流程通过电子邮件和大型电话会议进行更新。这种方式很复杂，但是很受欢迎，因为在测试结束时，电子邮件中就会有一个现成的、详细的测试说明。任何加入的人都可以看到以前的更新，并了解进展情况。这些邮件讲述了测试的前前后后的故事。

直接收到团队的反馈，有助于麦琪和项目经理们有针对性地开展工作，也有助于营造一个包容、协作的环境。这将继续建立信任和参与，并使团队保持动力，因为他们可以看到他们的意见很重要。

给予激励

我们如何激励人们把事情做好？整本书都是关于激励的。你可以运用以下工具。

- 影响力和树立榜样。你可以通过对想要看到的行为树立榜样来改变周围人的行为方式。其他人会受榜样的影响；他们希望归属并被接受。他们会被你的引导激励。一旦有几个人跟随你，其他人就会跟随他们，从而产生"涟漪效应"！

- 成长和学习的心态。如果不知道某些事，你可以学习，团队也可以学习。如果你很好学或富有好奇心，那么你将享有领先优势。但是，即使你没有，也可以运用成长心态去寻找所需的知识。当其他人看到你学习时，他们也有学习的动力！

- 欣赏式探询。你可以寻找典型事例，强调它，并为它喝彩。这为团队打开了创造的渠道，促使他们成为积极的问题解决者。

- 性格优势。通过看到他人的性格优势并帮助他们运用性格优势，你可以与团队合作，并激励他们，以支持组织的目标、团队的目标和你自己的目标。

如果你将本书中的工具应用到你自己身上和团队中，你会发现周围的动力不断增强。如果你致力于发展成长心态、识别自己的性格优势及了解自己的计划和学习偏好，那么你将更有效地与同事互动。

你可以通过发现同事的性格优势并说出来，以及通过注意他们喜欢的计划方式和学习方式，帮助他们进步。

而如果你所处的位置允许你正式将其中一些工具带到团队中去，那就更好了。但你只要看到每个人身上都充满可能，只要带着项目的火焰，就能走得很远。

满怀希望！保持坚强！勇敢前进！充满好奇！

量身定做

1. 查看材料。

2. 创建一个计划。

成功策略

满怀希望　选择一些想法来实施，并在今天付诸实践。

保持坚强　了解并发展自己的性格优势。

勇敢前进　观察他人的性格优势，并告诉他们你所看到的。没人会因为听说你发现了他们的性格优势而失望的！

第 9 章

制订实施计划

我爱书，也爱阅读，因为有那么多东西可以学习（就是好学），还有那么多好故事可以分享。不过，一本书看到最后，你是否想要记住所学到的知识？如何把学到的知识用到实践中？答案是制订一个计划并实施。

在医疗领域，培养新医生的基本方式是"看一个，做一个，教一个"。虽然我们可能会在病人命悬一线时争论这种方式是否有效，但并不妨碍它清晰地说明了我们的学习方式。在第7章中，我们研究了学习方式——视觉、听觉和动觉。"看一个（视觉），做一个（动觉），教一个（听觉）"涵盖了以上三种学习方式。然而，更重要的是，学习不只是看到或读到一些内容，还要付诸实践并分享所学。付诸实践，学习和记忆的印象才最为深刻；分享所学，才能扩大影响范围！

在表9.1中，我提供了一个将所学内容付诸行动的实施计划样例。欢迎你随时修改这个计划，甚至可以扔掉它。有些人想先读完整本书，然后做这个计划；有些人想边学边练。无论怎么做，关键在于你要了解自己的最佳学习方式，并制订一个自己可以坚持的计划。

表9.1 实施计划样例

时间	需要勇气的任务	需要更多勇气的任务	最具勇气的任务
第1天—前期工作	回顾一下你读本书的原因 阅读第1章：项目经理——不只是杂技演员		
第2天	你如何看待项目经理的角色？项目经理的三大职能是什么	询问你的团队，他们如何看待项目经理的角色	询问领导团队，他们如何看待项目经理的角色
第3天	在培养敬业度方面，项目经理扮演了什么角色？有哪些技能可以帮助你提升敬业度	询问你的团队，他们的敬业度如何？	与领导团队互动并探讨敬业度

续表

时间	需要勇气的任务	需要更多勇气的任务	最具勇气的任务
第4天	阅读第2章：眼见为实——麦琪的方法 想一想如何运用这些工具		
第4天	你已经在实践中运用了哪些工具？你对故事中的哪些新想法感兴趣	你的团队会对故事中的哪些做法做出回应	你的领导会支持故事中的哪些实践
第5天	阅读第3章：影响力——项目激励者最好的朋友		
第5天	影响力		
第5天	你认识的人中，谁最有影响力？他是如何提高自己的影响力的	询问团队成员，他们在做什么的时候最有影响力	询问领导团队，他们在做什么的时候最有影响力
第5天	你是哪种类型的项目经理，通才还是专才	询问团队成员，他们希望项目经理是通才还是专才	询问领导团队，他们希望项目经理是通才还是专才
第5天	将你的答案、你的团队的答案和领导团队的答案进行对比		
第6天	成长心态		
第6~7天	观察自己在工作中的表现。在什么时候，你表现出了成长心态	在你的团队中，谁有成长心态	在领导团队中，谁有成长心态？是主管吗？还是项目发起人
第6~7天	观察自己在工作中的表现。在什么时候，你表现出了固化心态	在你的团队中，谁有固化心态？	在领导团队中，谁有固化心态？是主管吗？还是项目发起人
第6~7天	考虑一些可以鼓励试验文化的方法	与团队一起讨论试验和失败	与领导团队一起讨论，了解他们对试验和失败的容忍度
第7天	欣赏		
第7天	在你的团队中，有哪些工作做得好？列出一个清单	询问你的团队他们有哪些工作做得好？	询问团队外的人，你的团队有哪些工作做得好

续表

时间	需要勇气的任务	需要更多勇气的任务	最具勇气的任务
第 7 天	构建一个愿景，如果欣赏美和卓越，结果将会如何	请你的团队中的一些成员与你一起构建这个愿景	邀请整个团队一起构建这个愿景
第 8~9 天	阅读第 4 章：建立欣赏文化		
第 9 天	你的性格优势		
第 9 天	参加 VIA 性格优势评估，然后评审评估结果	与你身边的人分享你的评估结果	与某个管理者或领导者分享你的评估结果
第 9 天	将你的性格优势与第 1 章中项目经理常见性格优势进行对比	作为项目经理，哪些性格优势对你的帮助最大	作为项目经理，你想培养哪些优势来帮助自己
第 10~11 天	每天观察自己的显著优势是如何表现出来的	观察他人的显著优势	观察领导团队的显著优势
第 11~12 天	观察你排名居中的性格优势。它们何时及如何表现	观察同事排名居中的性格优势。它们何时及如何表现	当同事运用了最不常用的性格优势时，对他们表示欣赏
第 12~13 天	回顾自己的性格优势	与朋友和家人一起探讨性格优势	在工作中寻找合作伙伴，共同发掘性格优势
第 14 天	回顾 24 种性格优势。就如何在一天中使用它们做出计划	与同事分享你最显著的性格优势	与领导团队中的某位领导者分享你最显著的性格优势
第 15 天	你和项目经理的显著优势		
第 15 天	对照其他项目经理的性格优势，审视自己的性格优势	联系其他项目经理，探讨性格优势	鼓励其他项目经理参加 VIA 性格优势评估
第 15 天	探索希望		
第 15 天	举出你表现出了希望的例子	询问团队成员，你是否表现出了希望，这对他们意味着什么	询问领导团队中的某个人，你是否表现出了希望，这对他意味着什么

续表

时间	需要勇气的任务	需要更多勇气的任务	最具勇气的任务
第 16 天	探索好学		
第 16 天	举出你喜欢学习新知识并与他人分享的例子	询问团队成员，你是否表现出了好学，这对他们意味着什么	询问领导团队中的某个人，你是否表现出了好学，这对他意味着什么
第 16 天	探索社交智能		
第 16 天	你是如何表现社交智能的	询问团队成员，你是否表现出了社交智能，这对他们意味着什么	询问领导团队中的某个人，你是否表现出了社交智能，这对他意味着什么
第 17 天	探索洞察力		
第 17 天	你遇到困难时是否能进能退	在你的团队中找出最具洞察力的人	询问领导团队中的某个人，他是否具有洞察力，是如何表现出来的
第 17 天	你的领导力优势		
第 17 天	作为一个领导者，你的前 5~6 种性格优势对你起到了什么作用	你是否在与你共事的领导者身上看到了一些性格优势？对其进行分析	把你的分析结果与该领导者分享
第 18~19 天	阅读第 5 章：在项目干系人和项目团队中建立欣赏文化		
第 18 天以后	练习发现他人的性格优势	将你看到的性格优势反馈给团队成员	将你看到的性格优势反馈给领导者
第 19 天	列出你在团队中经常看到的性格优势	征求同事的反馈意见	征求领导者或相关方的反馈意见
第 19 天	列出你在团队中不常看到的性格优势	征求同事的反馈意见	征求领导者或相关方的反馈意见
第 19 天	与他人分享性格优势的概念	向团队成员介绍性格优势，并向他们提供免费评估的链接	向领导团队介绍性格优势，并向他们提供免费评估的链接
第 20 天	审查和探究性格优势在工作中发挥作用的原因	与团队成员分享自己了解到的东西	与领导团队分享自己了解到的东西

续表

时间	需要勇气的任务	需要更多勇气的任务	最具勇气的任务
第21天	考虑是否可以邀请一些团队成员参加性格优势评估	向整个团队介绍性格优势评估,并邀请他们参加	建议领导团队开展性格优势评估
第22天	观察你的团队中有哪些角色	在团队中讨论角色定义,并征求团队成员的反馈	向领导团队说明团队角色的定义,以及与性格优势的联系,并征求他们的反馈
第22天	阅读第6章:当优势成为障碍时		
第23天	探讨你运用过度的性格优势	与团队成员探讨运用过度的性格优势	与领导团队探讨运用过度的性格优势
第23天	当下,你对哪些性格优势运用不足	在你的团队中,有谁对某项性格优势运用不足?是情境使然还是习惯使然	在领导团队中,有谁对某项性格优势运用不足?是情境使然还是习惯使然
第23天	你有哪些性格优势会妨碍他人	在你的团队中,谁的性格优势会引起冲突	在领导团队中,谁的性格优势会引起冲突
第24~26天	关注他人		
第24天	你有哪些性格优势会与他人发生冲突?	在你的团队或干系人中,你知道有哪些性格优势会发生冲突吗	你的性格优势与领导团队的性格优势会发生冲突吗
第25天	你认为团队成员之间有哪些性格优势会发生冲突	如何借助其他性格优势干预和化解矛盾	你向领导团队提出什么建议或提供什么性格优势来减少冲突的发生
第26天	团队在内心和思想方面具备哪些性格优势?如何平衡	与团队探讨内心和思想方面的性格优势,并获得他们的反馈	与领导团队分享性格优势图,并和他们探讨内心和思想及人际关系和内省方面的性格优势
第26天	团队的内省优势和人际关系优势有怎样的平衡	与团队讨论内省和人际关系方面的性格优势,并获得他们的反馈	与领导团队分享性格优势图,并和他们探讨内心和思想及人际关系和内省方面的性格优势

续表

时间	需要勇气的任务	需要更多勇气的任务	最具勇气的任务
第27天	团队文化是什么？	与你的团队一起讨论团队文化。	与领导团队一起讨论团队文化。
第28天	选择一种幸福优势，如好奇心、感恩、希望、爱或热情，整天专注其中	选择一种幸福优势，如好奇心、感恩、希望、爱或热情，将其融入白天的团队互动。注意会发生什么	选择一种幸福优势，如好奇心、感恩、希望、爱或热情，将其融入与领导团队的会面。注意会发生什么
第29~30天	**阅读第7章：当出现其他问题时**		
第29天	**计划方式**		
第29天	你的计划方式是什么	在你的团队中，你看到了哪些计划方式？与团队中的两位成员进行讨论	你认为领导团队有哪些计划方式
第30天	**学习方式**		
第30天	你的主要学习方式是什么	在你的团队中，你看到了哪些学习方式？与团队中的两位成员进行讨论	你认为领导团队有哪些学习方式
第31天	**阅读第8章：成为项目激励者的闭环**		
第31天	决定你的下一步行动	制订具体的实施计划	与他人分享计划，争取他们的帮助
第31天	把你学到的东西写成总结	把你的总结与身边的人分享	把你的总结与你的团队或管理者分享

反侵权盗版声明

电子工业出版社依法对本作品享有专有出版权。任何未经权利人书面许可，复制、销售或通过信息网络传播本作品的行为；歪曲、篡改、剽窃本作品的行为，均违反《中华人民共和国著作权法》，其行为人应承担相应的民事责任和行政责任，构成犯罪的，将被依法追究刑事责任。

为了维护市场秩序，保护权利人的合法权益，我社将依法查处和打击侵权盗版的单位和个人。欢迎社会各界人士积极举报侵权盗版行为，本社将奖励举报有功人员，并保证举报人的信息不被泄露。

举报电话：（010）88254396；（010）88258888
传　　真：（010）88254397
E-mail：dbqq@phei.com.cn
通信地址：北京市万寿路173信箱
　　　　　电子工业出版社总编办公室
邮　　编：100036